마음이 길을 만든다

김종훈의 새로운 도전

차례

3부 ◦ 나는 일할 때 힘이 난다

4부 ◦ 국회에서 보낸 날들

5부 ◦ 울산의 미래

고마움과 미안함과 다짐

정치인이 자신의 인생을 돌아본다는 것은, 결국 고마움과 미안함을 함께 떠올리는 일인 것 같습니다. 제 인생 곳곳에 고마운 분들이 참 많았습니다. 상여를 메고 나면 제 주머니에 쌈짓돈을 슬쩍 넣어주시던 동네 어른, 사춘기 시절 저를 자식처럼 챙겨주신 선생님, 아홉째 장남을 애지중지 키워낸 부모님과 누님들, 그리고 제 삶의 가장 큰 힘이 되어주는 아내까지.

노동운동을 시작하고, 정치를 시작하며 만난 수많은 동지는 말할 것도 없습니다. 광주의 진실로 시작했던 민주화운동과, 노동자의 아픔과 삶에 다가가고 싶었던 대학생 시절과, 그런 저에게 인생의 푯대가 된 노동자들의 투쟁과 삶. 공장에서의 128일과 민주화와 평등과 인간다운 삶을 위해 함께 춤추며 노래하던 순간, 그리고 울산에 같이 터전을 잡고 '노동자 정치'에 함께 뛰어든 분들까지.

저를 정치의 길로 인도한 것은, 이 수많은 사람의 눈물과 웃음이 고스란히 담긴 '삶'을 함께 살아가고 싶다는 마음이었습니다. '마음이 길을 만든다'라는 책의 제목은, 제 마음을 돌아보는 것이기도 하지만 여러분이 보내주신 마음을 모아야겠다는 저의 다짐이기도 합니다.

울산은 철로 살아온 도시입니다. 노동자의 피와 땀으로 이루어낸 제조업 도시의 영광에서, 이제 새로운 미래를 그려야 하는 시기이기도 합니다. 이 책을 정리하는 시간은, 변화의 시기에 제가 무엇을 해야 할지 묻는 시간이기도 했습니다.

이 책에는 그동안 만난 분들의 얼굴과 목소리가 담겨 있습니다. 미처 담지 못한 분들의 이야기도 있지만, 제 마음 한편에 소중히 간직하고 있음을 이해해 주시리라 생각합니다.

여러분의 삶을, 끝까지 같이 걷는 사람이 되고 싶습니다.
사람을 살리는 정치를 위해 한 발 더 나아가겠습니다.
이 마음을 여러분께 전합니다.

2025년 12월

김종훈

마음이 길을 만든다

나를
키운 것의
팔 할은

내란의 밤, 우리를 구원한 것은

십 남매 중 아홉째

내가 존경하는, 나를 사랑하는

불같은 여름 철판, 얼음장 같은 겨울 철판

내란의 밤, 우리를 구원한 것은

탈춤 동아리에서, 역사를 배우다

○ ○ ○

1983년, 대학에 들어가 민속극 연극회 '얼쑤'라는 동아리에 들어갔다. 탈춤을 추는 '탈반'이었다. 장구 장단과 탈춤에 푹 빠졌고, 언젠간 제대로 공연을 올려야겠다는 꿈도 커져만 갔다. 그런데 2학년 선배들이 다 군대에 가버리고 1학년인 내가 덜컥 회장이 되어버렸다. 나는 중고등학교 다니면서도 반장이든 뭐든 맡아본 적이 없었는데 말이다.

회장이 되고 첫 겨울방학. 탈반이라면 모름지기 방학 때 합숙도 해야 할 것 같은데 방법이 없어 고민하다가 우리 집으로 데려갔다. 집이 시골이었으니 한적하고, 좀 낡았어도 크기는

켰다. 집 근처에는 어릴 때 잘 가던 절이 있어서 거기서 연습도 할 수 있겠다 싶었다. 그렇게 우리 집에서 먹고 자며 합숙했다.

그때 탈춤을 가르쳐주러 온 경희대 선배가 있었는데, 탈춤을 잘 추려면 먼저 공부를 해야 한다고 했다. 탈춤의 역사나 원리, 해방 전후사의 인식, 민중과 지식인, 이런 책을 열심히 읽었다. 그때만 해도 우리 민족의 춤, 정신을 배워야 하니 그런 것이려니 싶었다. 그렇게 합숙이 끝나가는데, 정작 탈춤 실력은 늘지 않았다. 선배한테 "우리 공연도 올려야 하는데 이대로는 안 되겠는데요, 탈춤을 더 배워야 할 것 같은데…." 그러니 대뜸 서울로 오란다. 서울엔 탈춤을 제대로 가르쳐 줄 사람이 많단다. 봉산탈춤 한번 제대로 배워보고 싶지 않느냔다. 합숙을 이제 막 마쳤는데 또 서울까지? 그렇지만 서울은 대학이 많아서 탈춤 동아리 수준이 다르다는 이야기도 들었던 터라 혹했다. 공연 한번 제대로 올려보자는 욕심도 여전했다. 친구들을 설득했다. 딱 20일만 갔다 오자고 했다.

그렇게 올라간 곳이 성수동이었다. 지금이야 성수동이 유명하지만, 그때는 뭐 그런 곳이었겠나. 방도 제대로 없는 사무실 같은 데서 지내며, 각 대학 동아리방을 전전하며 20일 동안 합숙을 했다. 그래도 드디어 봉산탈춤을 제대로 전수해 줄 분도 만나고 열심히 춤도 배우고 그랬다. 올라간 지 일주일쯤 지났으려나, 한 선배가 동아리방에 찾아와 이런저런 대화를 나누더니 낡은 책자 하나를 주며 읽어보라고 했다. '광주 항쟁의 진실'이라는 스무 쪽 남짓 되는 자료집이었다.

광주, 온몸이 떨리고 잠을 잘 수 없었다

○ ○ ○

아…. 광주항쟁! 그 책을 처음 읽고 난 그 순간, 내 세계는 뒤집혔다. 구두닦이 소년부터 학생, 임산부, 목사님까지 총칼에 쓰러졌다는 이야기, 이들의 가슴에 총칼을 들이댄 계엄군의 만행이 낱낱이 기록되어 있었고 사진도 실려있었다. 처음엔 믿고 싶지 않았다. 거짓말이기를 바랐다. 이게 사실이라니, 이런 일이 있었다니. 두렵고 무서워 잠을 잘 수가 없었다. 눈을 감으면 그 폭력의 잔상이 떠올랐고 계엄군의 그 야만이 나에게 쏟아지는 것처럼 고통스러웠다. 온몸이 떨리고 아팠다. 이렇게 죽어간 사람들은 어찌하나, 이게 사실이라면 나는 어떻게 살아야 하나, 나는 왜 하필 이 진실을 알게 되었을까, 내가 그때 광주에 있었더라면 어찌했을까…. 이런 생각이 내 속과 머리를 다 헤집어놨다. 그렇게 며칠을 괴로워했다.

모른 척, 진실은 아닐 거라 부정하고 싶었던 마음이 없었던 것도 아니다. 그렇지만 피 흘리며 죽어간 사람들이 떠올라서, 그 사람들을 외면하는 것만은 도저히 내 양심이 허락하지 않았다. 우리는 결국 다음 해 탈춤공연에, 광주 내용을 담기로 했다.

울산대학교 민주화 추진위원회

○ ○ ○

우리는 봉산탈춤 공연을 크게 한판 벌이기로 했다. 그리고 교정이 술렁였다. 당시 이렇게 큰 공연은 서울지역 대학에서나 열리는 것이었고, 공연은 자연스레 학내 시위로 이어졌기 때문이다. 우리도 공연 이후에 '울산대학교 민주화 추진위원회' 깃발을 띄우리라 다짐하고 있었다.

우리가 그런 공연을 할 거라는 소문을 들은 학교 관계자들은 틈만 나면 동아리방을 기웃거리며 우리를 주시했다. 나를 찾아와서 회장단하고 밥 한번 먹자고 했다. 학교 측이 어쩌려는지도 알아봐야겠다 싶어 친구들과 밥을 먹으러 갔다. 관계자는 곧바로 말을 꺼냈다.

"느그 탈춤 공연 올리는 거 연기할 수 없나?"

우리가 안 된다고 하자 협박을 시작했다.

"경찰하고 안기부들하고 내 다 아는 사이다. 느그 그래 겁대가리 없이 까불다가 큰 코 다친다. 느그같은 놈들 순식간에 없애버릴 수도 있어."

그런 말이 허풍이 아니던 시대였다. 하지만 막상 면전에서 그 말을 들으니 두려움보다 분노가 더 컸다. 자리에서 벌떡 일어나며 뭐 하는 짓이냐며 화를 냈다. 관계자는 갑자기 무릎을 꿇더니, 자기들 입장 한 번만 봐달라면서 이제는 사정하기 시작했다. 하지 말라는게 아니라 연기해달라는 거라고 애원했다. 우리가 계속 거부하자 애원을 하다가, 상소리하며 욕을 하다가 난리였다. 그런 일이 생기자 우리는 더욱 오기가 생겼다. 꼭 제 날짜에 공연을 올리리라 다짐했다.

장학금 줄게, 취직시켜 줄게, 유혹도 있었지만

○ ○ ○

결국 탈춤 공연이 오르던 날, 우리는 '울산대학교 민주화 추진위원회' 발족을 선포했다. 그 순간 여기저기 사복 경찰들이 튀어나와 우리를 두들겨 패기 시작했다. 그렇게 얻어맞고, 싸우며 민주화를 부르짖던 날들이었다. 그것이 광주에 대한 우리의 최소한의 양심이었고, 실천이었다.

그렇게 학생운동을 하며 총학생회 일도 하게 됐다. 어느 날에는 다른 학교 관계자가 또 찾아왔다. 갑자기 나한테 장학금을 주겠단다. 학교 다니는 동안 내내 장학금을 주고, 졸업하면 대기업에 취직도 연계시켜 주겠단다. 왜 이런 지원을 해주냐고 물으니 "대학 인재 발굴 차원이야. 대기업에서 인재들 미리미리 지원해 주는 거야"라고 말한다. 아무 대가도 없다고 재차 강조하면서 말이다.

무슨 이야기 하시는 거냐고 단호하게 뿌리치고 돌아섰다. 뿌리쳤지만, 그 순간 하나도 흔들리지 않았다면 거짓말이다. 없는 형편에 간신히 온 대학이고, 아버지 돌아가시고 연로하신 어머니 혼자 꾸려가는 집안 걱정이 안 되는 것도 아니었다. '대가를 바라는 것도 아니니 나만 똑바로 정신차리면 괜찮지 않을까?' 순간적으로 그런 생각을 안 한 것도 아니다.

그렇지만 사람은, 마음은 알지 않는가. 그때 그건 분명히 유혹이고, 회유였다. 그때 내가 양심을 지킬 수 있었던 것은 나 스스로가 대단해서가 아니다. 광주를 지켰던 사람들에 대한 미안함, 그리고 같이 학교를 지키고 있던 수많은 친구, 동지들 때문이었다. 모두가 인생을 걸고 민주화운동을 하던 때였다. 경찰에 얻어맞으면서도 또다시 내일의 시위를 준비하던, 그러면서 같이 울고 웃던 사람들이 있었다. 그 사람들이 있어 내 작은 양심의 소리를 지킬 수 있었고, 지금까지 양심의 길을 걸어올 수 있었다. 그렇게 사람들과 함께 걸어온 것이 내가 지금까지 살면서 이뤄낸 중요한 성취가 아닌가 생각한다.

내란의 밤, 죽은 자가 산 자를 구하다

◦ ◦ ◦

'내란의 밤', 집에 있다가 아내에게 소식을 들었다. 믿기지 않는 계엄선포 뉴스를 보며 순식간에 역사가 거꾸로 돌아가는 느낌을 받았다. 계엄령 포고문을 보며, 진보정당의 지자체장인 나를 가만두지 않을 수 있겠다는 생각도 들었다. 다시 광주 같은 일이 벌어질 수 있다는 생각에 정신이 번뜩 들었다.

일단 구청으로 가봐야 했다. 집을 나서며 아내에게 몸을 피하라고 신신당부를 했다. 아내는 내 걱정하지 말고 당신 몸이나 챙기라며 덤덤하게 나를 보내주었다. 구청에는 나처럼 기사를 보고 놀란 직원들이 와 있었다. 국회에 몰려든 계엄군과 국회를 지키고 있는 시민들을 생중계로 지켜보며 긴장해 있었다.

그렇게 구청에서 보낸, 1분 1분이 참 길었던 밤이었다. 국회의사당 위에 헬기가 뜨고, 시민들이 모여 국회를 에워싸고 장갑차를 막아 세우고, 국회 직원들은 계엄군을 온몸으로 막고 있었다. 지금은 서울에서 저런 일이 벌어지고 있지만, 여기 울산에도 곧 계엄군이 총칼을 들고 들이닥칠 수 있다는 생각이 들었다. 지자체장으로서 뭘해야 하는지 시민들의 안전을 위해 뭘 해야 하는지 수만 가지 생각이 들었다.

나는 지금 어떻게 해야 하나, 아무래도 구청을 지키는 게 내 일인 것 같았다. 직원들을 불러 이야기했다. "계엄군이 와서 구청을 접수하겠다고 하더라도, 나는 이 자리를 비켜줄 생각이 없다. 그러니 여러분 중 집에 돌아갈 분들은 돌아가시라."

정말로 총칼을 든 군인이 들이닥친다 해도, 나는 끝까지 이 자리를 지키겠다, 주민이 주신 자리니 쉽게 내어줄 수 없다, 그렇게 당당하게 응대하리라 마음을 다잡았다.

다행히 계엄 해제가 의결되고 날이 새던 새벽, 모두처럼 나도 한강 작가의 말을 떠올렸다. 죽은 자가 산자를 구했다. 우리 안의 '광주'가, 지금 계엄과 내란에서 우리를 지켜주었다. 맨몸으로 계엄군에 맞선 국민의 용기는, 피 흘리며 목숨으로 민주주의를 지킨 광주 영령들에게서 나왔다. 그렇게, 국민이 또 한 번 우리를 살려주셨다.

폭풍 같은 밤을 지새우고 아침에 집으로 돌아갔다. 아내는 어떻게 하고 있을지 뒤늦게야 걱정이 됐는데, 집 비밀번호가 바뀌어 있었다. 아내가 어디 피하지도 못한 채, 현관 비밀번호만 바꾸고 있었던 것이다. 갈 데가 없는데 어딜 가느냐며 핀잔주는 아내의 말을 듣는 순간이, 일상을 되찾은 아침이, 그렇게 소중할 수가 없었다.

벌써 내란이 일어난 지 1년이다. 광주에 빚진 마음으로 민주화운동을 시작했던 나는 다시 국민 여러분께 목숨을 빚졌다는 생각이 들었다. 더 열심히 살아야 한다, 더 크게 보답해야 한다는 생각뿐이다.

십 남매 중 아홉째

드라마 '아들과 딸'이 남의 이야기가 아니었다

◦ ◦ ◦

십 남매 중 아홉째 장남입니다, 라고 인사하면 사람들은 다시 한번 나를 바라본다. 형제자매가 많은 세대이기는 하지만 우리 또래에도 십 남매는 흔치 않기도 하고, 아홉째인데 장남이라는 소식에도 놀라는 눈치다.

나는 늦둥이 아들이었다. 위로 두 형님, 누님 한 분은 일찍 돌아가셨다. 가끔 밥상에 밥 한 공기가 더 올라오던 날이 있었는데, 그땐 뭔지도 몰랐다. 지나고 보니 그날이 부모님이 자식을 가슴에 묻은 날이었으리라. 어머니는 부엌에서 아궁이에 불을 지피며 연기 탓하며 눈물을 흘리시기도 했던 것 같다.

아들 둘을 잃으셔서 더 그랬는지, 아들을 꼭 낳겠다고 부모님이 무리하셨다. 아버지가 쉰이 넘고 어머니가 마흔이 넘어서야 날 낳으셨으니 애타게 기다리던 아들인 셈이다.

늦둥이 아들, 그리고 장남. 편애가 얼마나 심했겠는가. 나만 아버지와 겸상을 하고, 암탉이 계란 낳을 때면 늘 내 밥상에 먼저 올라왔다.

오래전 유명했던 남녀 차별을 다룬 드라마가 있다. 최수종 김희애 두 배우가 연기한, 남아선호사상 속에 자란 쌍둥이의 일화를 담은 '아들과 딸'이라는 작품이다. 나도 성인이 되어 방영한 드라마인데 어쩌다 같이 보게 되면 누나들의 매서운 눈초리가 나에게 쏟아졌다. 나는 그저 할 말이 없어 쓱 자리를 피해야 했다.

늘 찬밥 신세에, 정말 찬밥 식은밥만 먹어온 누나들 가슴에는 한이 크게 남았을 텐데, 그래도 남동생이라고 나를 보살펴준 것을 생각하면 고마울 따름이다. 이 누나들을 두고 장남 노릇은커녕 학생운동 한다고, 정치하겠다고 집 밖을 떠돌았으니… 그저 우리 아내를 비롯한 누님들에게 할 말이 없을 뿐이다.

태산 같은 아버지를 보내며

○ ○ ○

내가 초등학교 들어갔을 때 아버지가 벌써 환갑이 넘으셨다. 요즘이야 60이 한창이지만, 그 당시는 지금으로 치면 팔순, 구순 노인 느낌이었다. 친구들은 우리 아버지를 '훈이 할아버지'라고 불렀고 나는 그게 부끄러웠다. 비가 오면 우산을 들고 마중을 나오셨는데, 나는 아이들이 "훈이네 할아버지 오셨네"라고 놀리는 게 싫어 아버지를 피해 비 맞으며 집에 오곤 했다. 집에 먼저 와 있으면, 아버지는 "비는 많이 안 맞았나?"하고는 아무 말도 안 하셨다.

중학교 3학년 때 아버님이 한참 편찮으시더니 결국 식도암을 앓으셨다. 제대로 드시지도 못하며 갈수록 메말라갔고 집안이 어두침침해졌다. 다들 아버지가 머지않아 세상을 뜨신다고 생각했고, 이제 내가 정말 집안의 기둥이 되어야 한다고 바라보는 것 같았다. 나는 고등학교에 갈 수는 있을지 불안해졌다. '아버지가 돌아가시면 학교는 갈 수 있나, 돈을 벌어야 하나, 그래도 학교는 가야겠지…. 어떻게 살아야 하나?'

"너는 우리 집 장남이다." 귀에 박히도록 들어온 말이 사춘기 중학생의 심장을 후벼파고 나를 삐딱하게 만들었다. 하루는 집에 들어가고 싶지 않았다. 어둡고 근심 가득한 집으로 들어서기 싫어, 집 앞에서 나도 모르게 발걸음을 돌려 거리를 헤맸다. 그 흔한 가출이었던 셈이다. 계획하거나 작정한 것도 아니어서 금세 돌아왔지만, 그런 사춘기였다.

고등학교 1학년 때, 아버지가 돌아가셨다. 아버지는 마지

막 숨이 다 하기 전, 기력이 쇠한 목소리로 나를 부르셨다. "훈아 느그 엄마 잘 모셔라. 우리 장남 믿는다. 미안하데이." 몇 번이나 되풀이하시고 그렇게 눈을 감으셨다. 태산같이 커 보이던 아버지, 호랑이처럼 불같던 성품을 가지신 아버지는 그렇게 조용히 떠나셨다. 이제 정말 장남이었다. 어머니는 시장에 장사를 나가셔야 했고 나는 장남의 짐을 짊어지며 어른이 될 준비를 했다.

열 일곱, 동네 상여꾼이 되다

모내기 때인지 수확기인지 잘 기억은 나지 않는다. 한창 일손이 귀한 농번기였던 건 맞다. 동네에 상이 났는데 사람을 구하기 어려운 때였다. 우리 집도 '놉'을 한 명 내야 하는데, 어머님이 구하다 구하다 안 되셨는지 발을 동동 구르고 계셨다.

"아이고 놉을 못 구하면 동네 상포계에서 쫓겨나는데 큰일인데, 이를 우짜노?" 밤새 한숨이 크시길래 "엄마, 제가 갈게요." 말씀드렸는데 어머니가 철없는 소리 한다고 야단을 치셨다. 이미 덩치는 훌쩍 컸지만, 아직 어머니껜 철부지인 고등학생 아들을 상여꾼으로 보내고 싶지는 않으셨을게다. 나를 야단치고는 새벽부터 이집 저집 돌아다니면서 사람을 구하셨지만 결국 헛걸음으로 돌아오셨다. "엄마, 걱정마이소. 내가 어른 두 몫은 할걸요." 그렇게 후다닥 사립문을 나섰다.

내가 상여를 메러 가니 동네 어른들은 "아이구 이놈아, 어쩌다 어린 네가 왔냐"라고 측은해하셨다. 그렇지만 한 사람이라도 빠지면 먼 산까지 상여를 메고 오르기가 쉽지 않으니 어쩔 수 없이 자리를 내주셨다. 그 시절 상여는 어찌나 크고 무거웠던지 정말 힘들었다. 동네 어르신들 키도 작아서 내가 허리를 숙이거나 엉덩이를 쑥 빼어 높이를 맞춰야 해서 더 힘들었다. 요령도 없었으니 더 그랬을 테다. 상여를 메고 쉬는 참에는 어른들과 같이 막걸리도 한잔하고, 장지에 도착하면 고생했다며 노잣돈도 쑥 주머니에 넣어주셨다. 그러면서 동네에서는 상여 메는 나를 어른 대접해 주셨다.

한번은 친구들과 동네 개울에서 피라미와 미꾸라지를 잡아 매운탕을 끓여 먹고 막걸리를 한잔하고 있었다. 어르신들이 지나가다 "훈이 술 한잔 하나?"라며 인사를 건네셨다. 그리고 옆 친구들에게는 "아직 머리에 피도 안 마른 놈들이 어디서 술을 먹노?"라고 호통을 치셨다. 친구들은 억울해하며 "훈이 친군데요!"라고 항변했지만 집에 가라는 잔소리만 들었다.

그렇게 동네에선 나를 어른 대접 해주셨다. 아버지 돌아가시고 어린놈이 가장이랍시고 상여를 메러 나온 걸 보면서 얼마나 안쓰러웠겠는가. 그걸 마냥 애틋하게만 여기는 게 아니라 제대로 성인 대접해 주며 나를 키워주신 것이다. 나를 그렇게 믿어주고 대접해 준 어른들의 그 마음이, 철부지 나를 어른으로 만들어주셨다.

내가 존경하는, 나를 사랑하는

사춘기 고등학생을 잡아준 선생님의 사랑

◦ ◦ ◦

사춘기 시절 흔들리기도 했던 나를 똑바로 잡아준 소중한 분이 있다. 고2 때 담임선생님이던 최병두 선생님이다. 짧은 가출을 했을 정도로 방황 아닌 방황을 하던 시기였다. 아버지가 돌아가시고 나서는 가뜩이나 불안하고 생각이 많았던 사춘기를 더 호되게 겪고 있었다. 학교생활에서도 어지간히 삐딱한 태를 부렸겠거니 싶다. 불만과 고민이 가득한 사춘기, 나이 많은 어머니에게 말하기도 어렵고 또 장남이랍시고 어른스러운 체는 다 하고…. 내 속의 고민을 누구에게 털어놓기도 힘들었다.

그때 최병두 선생님이 나를 참 한결같이 살갑게 대해주셨다. 오가며 말 한마디 건네주시고, 등 한번 쓰다듬어주시고, 별일 아닌 듯 내가 어찌 지내는지 물어봐 주시기도 했다. 그때 한결같던 선생님의 품이 나에게는 부모님처럼 따뜻했다. 선생님도 지금으로 치면 많지 않은 나이였는데, 참 어른스러우셨던 것 같다. 내가 민주화운동의 길을 나섰을 때도, 그리고 정치를 시작하고 나서도 선생님은 늘 한결같이 나를 대해주셨다.

요즘에는 우리 동네 어르신에게 전화를 그렇게 많이 하신다. 선생님 친구분 중에 울산 경로당 회장님이 있는데, 그 회장님한테 툭하면 전화를 걸어서는 종훈이 잘 지내냐고, 잘 챙겨주라고 하신단다. 종훈이가 바쁘니 대신 너한테 전화한다면서.

이런 사랑을 다 어찌 갚으랴. 나도 어른이 되고, 자식을 낳고 보니 이런 따뜻한 마음을 한결같이 품는다는 게 얼마나 존경스러운 일인지 잘 안다. 그 마음과 사랑이 사람에게 얼마나 큰 힘이 되는지도 잘 아니, 고마울 뿐이다.

어머니 소원을 포기하던 날

○ ○ ○

평생을 고생만 하시다 돌아가신 어머니. 어머니의 유일한 소원은 내가 대학을 졸업하는 거였는데, 결국 어머니 생전에는 그걸 못 들어드렸다. 아버지 돌아가시고 생계 꾸리느라 손톱 자랄 새가 없으셨던 어머니. 어린 나이에 가장 노릇을 하려는 나를 늘 애끓으며 바라보셨을 어머니. 그런 자식이 대학에 가더니, 어수선한 시절에 덜컥 감옥에 갔다는 소식을 듣고는 얼마나 놀라셨으랴. 그때 어머님 생각으로는 감옥에 간 사람이 어떻게 될지 모르는 무서운 시대였을 거다. 내가 구속되었을 때 물정 모르는 어머니를 속이고 사기 친 친척도 있었다.

"애가 구속이 됐는데 얼른 가봐야지 왜 여기서 이러고 있냐. 큰일 난다."

허둥지둥 집과 땅을 다 팔고 옥바라지하겠다고 울산으로 이사하셨는데, 나중에 알고 보니 헐값에 재산을 다 넘긴 사기나 다름없었다. 그 억울함을 누구한테 하소연도 못 하고, 이후 삶은 얼마나 더 팍팍했겠는가. 그렇게 옥바라지를 했는데, 감옥에서 나온 못난 아들은 "노동운동 하겠다." 배짱을 부리며 대학을 그만두겠다고 말했다. 내 이야기를 들은 어머니는 억장이 막히시는지 아무 말씀도 못 하시고 눈물만 흘리셨다. 건넛방으로 가셔서는 밤새 끙끙 앓으시던 탄식 소리가 아직도 가슴을 친다. 한잠도 못 주무신 어머니는 다음 날 아침, "그래도 제발 졸업은 하면 안 되겠나. 졸업만 해라." 애타게 말씀하셨다.

나는 단호하게 안 된다고 말했다. 그렇지 않으면 내가 더 흔들릴 것 같았다. 그리고 울산 동구로 출퇴근하기 시작한 지 이 년쯤 지났을까, 어머니 건강이 급격히 나빠지셨다. 결국 쓰러져 중환자실에 입원하시게 됐다. 당장 집에 병원비도 없었다. 나도 할 수 없이 노동자 문화단체 일을 잠시 접고, 화학공단에 취직해 막노동을 시작했다. 굴뚝 청소, 야리끼리 등 닥치는 대로 일했다. 그때 일도 힘들었지만, 평생 효도라고는 제대로 못해 드린 아픈 어머니 보기가 죄송스러웠다. 어머니도 그런 내가 속상하셨던 것 같다. "차라리 내 눈에 안 보이게 어디로든 가라. 차라리 너 하던 거 그 노동운동하러 가라." 몇 번이나 성을 내셨는지 모른다.

어머니가 그나마 몸이 좀 좋아지시면서 이모님 댁, 누님들 댁을 두루두루 돌아다니시던 때였다. 어느 날 "울산 느그 둘째 누나 집에 있으니 데리러 오니라." 전화를 주셨다. 일할 때 쓰는 트럭을 몰고 어머니를 모시러 갔더니 차가 왜 이러냐며, 좋은 차 좀 타고 다니라고, 덜덜거리는 트럭 위에서 어머니는 계속 나를 타박하셨다.

"니는 계속 노가다하며 살기가? 내 걱정말고 니 하고 싶은 일하며 살아래이."

"어무이, 걱정마이소. 체력 하나는 제가 타고났다 아닌교."

한참 뒤에 어머니가 한마디 건네셨다.

"나는 니 대학 못 마친 거 그기 한이다."

그렇게 우리 집으로 오신 어머니는, 이제야 내 곁에서 맘이 놓이셨던지 그날 밤 세상을 떠나셨다. 어머니 소원이던 대학

졸업을 포기했던 나는, 25년 뒤에야 그 소원을 들어드렸다. 대학 졸업장을 들고 어머니 산소를 찾아서 얼마나 울었는지 모른다.

누나, 누나, 누나 … 그리고 아내

◦ ◦ ◦

'아들과 딸' 후남이처럼 평생 차별받고 살았던 우리 누님들. 그래서 어릴 땐 나를 종종 쥐어박기도 했지만, 누님들의 나에 대한 사랑은 끊이질 않았다. 어머니는 시장에 나가 장사를 하셔야 했으니 집안 살림은 다 누나들이 했다. 특히 셋째 누나는 일솜씨도 좋아서 살림살이를 거의 도맡았고, 동네잔치만 있으면 아지매들이 일 도와달라 찾아왔던 기억이 난다. 학교도 가지 못하고 집안 살림을 다 해냈던 셋째 누나를 보는 부모님의 시선은 한층 더 애틋해 보이기도 했던 것이 사실이다. 나도 셋째 누나를 참 따랐다. 셋째 누나는 울산으로 시집가면서 기어이 나를 데려다 대학까지 보내줬다. 용돈이며 반찬과 빨래까지 챙겨줬던 누나의 사랑을 어떻게 다 이해할 수 있을까. 그렇게 나는 대학생이 될 수 있었다.

다른 누님들도 마찬가지다. 자신의 모든 것을 희생해서 가족을 건사한 것이 누나들이었다. 없는 살림에 장남이랍시고 특혜받는 나를 밉게 보기는커녕, 오히려 더 사랑을 퍼부어주었다. 누나들이야말로 집안의 기둥이고 대들보였다. 내 성격도 그리 살갑지 못해 누님들께 감사 인사 한마디 제대로 못 하고, 다정하게 대하지 못했던 것 같아 미안할 뿐이다.

누님들뿐이랴, 아내를 생각하면 더더욱 미안해진다. 아내와 연애를 시작한 지 2년쯤 되었을 때, 나는 현대중공업 128일 투쟁과 연계되어 '집회 및 시위에 관한 법률' 위반으로 감옥에 가게 됐다. 그 때 아내는 우리 가족들과 인사를 하게 되었다. 위로는 누나들이 가득하고 감옥까지 간 애인을 묵묵하게 기다려 주고 믿어준 아내에게는 지금도 고마울 뿐이다.

감옥을 나오고 노동운동을 시작하려던 때, 나는 아내와 결혼하고 싶었다. 결혼 자금 한 푼 모아놓은 것 없었고 직장은커녕 노동자 문화예술 운동을 하려던 때였으니 청혼을 맘 먹는 게 쉽지는 않았다. 함께 평생 살고 싶지만 이 짐을 나눠서 져도 될지 망설여지기도 했다.

"나는 평생 운동을 하며 살 거야. 그러면 사는 게 녹록지는 않을 거고, 장남이니까 어머님도 모셔야 해."

주저리주저리 말을 늘어놓았는데, 아내는 함께 해보자고 선뜻 청혼을 받아줬다. 얼마나 고마웠던지, 내 인생의 참 소중한 사람을 얻은 날이다. 함께 해보자고 했지만, 내가 일방적으로 아내를 고생시켰다. 그땐 다들 그랬다지만 사회 운동한답시고 돈을 못 버니 가정 경제도 아내가 다 책임졌고, 어머니가 아파

누우셨을 때는 병수발까지 해야 했다. 그러면서 본인도 여성회 활동을 하고, 어린이집 교사를 하며 가정을 책임졌다. 그래도 아내는 늘 가장 가까이에서, 나의 삶을 지지하고 함께 해줬다. 어머니 병원비가 필요해 단체 일 그만두고 노동하던 그때, 아내는 그때가 오히려 힘들었다고 한다. 새벽부터 일하러 나가는 내 어깨가 그렇게 슬퍼 보였다나. 그때부터 지금까지 아내는 내 운동의 가장 가까운 지지자이자, 동지다.

나의 사랑을 키워준, 사랑

○ ○ ○

금이야 옥이야 나를 키워주신 부모님과 누님들, 상여 메던 나를 어른으로 대접해 준 어르신들. 사춘기 철부지가 엇나갈까 싶어 살갑게 정을 쏟아주신 선생님들. 자신보다 내 삶을 더 키워주고 지탱해 준 우리 아내까지. 특히 어머니와 누님, 아내의 사랑에 대한 미안함과 고마움은 아무리 말해도 부족할 뿐이다. 자신을 희생하며 가족을 건사해 온 여성의 삶, 그 노동이 있어 지금의 내가 있다.

이렇게 큰 사랑 덕분에 나는 민주화운동에 계속 몸담을 수 있었다. 이들의 사랑이 연료가 되어 노동자 민중을 위한 사랑을 말할 수 있었던 셈이다. 이분들의 사랑은 무엇보다도 내 안의 사랑을, 마음을, '정'의 크기를 키워주셨다. 이 사랑을 다 갚을 수 있을지 모르겠지만 사랑은 내리사랑이라고 하니 나도 내가 만나는 사람들, 아이들과 청년, 주민들께 이 사랑을 퍼붓는 어른이 되고 싶을 뿐이다.

불같은 여름 철판, 얼음장 같은 겨울 철판

철판과 야만의 시절

ㅇ ㅇ ㅇ

89년 울산은 요동치고 있었다. 87년 노동자 대투쟁의 바람이 불처럼 끓어오르던 때였다. 울산 현대중공업도 마찬가지였다. 변방의 작은 조선소가 세계 최대 수준의 조선소로 거듭나는 동안 얼마나 많은 노동자의 피와 한이 쌓여갔겠는가. 노동자들의 거센 투쟁이 폭풍처럼 몰아치는 것은 예고된 일이었을지 모른다.

"땡볕 내리쬐는 여름에 철판 위에 계란을 깨면 익을까? 안 익을까?"

"겨울에 철판에 손대면 손가락이 쩍 달라붙어. 그 애리는 고통은 말도 못한다. 니는 상상이 되나?"

노동자가 전하는 현장은 참혹했다. 그 큰 배들은, 노동자가 한 여름 불같은 뜨거운 철판, 한 겨울의 얼음장 같은 철판에 자신의 몸을 내어주어 만들어지고 있었다.

노동자 문화선동대 시절 현대중공업 식당에 가본 일이 있었다. 일하다가 바로 와서 줄 서서 밥을 기다리는 분들이 죄다 검은 쇳가루를 뒤집어쓰고 있었다. 마스크를 벗으면 입 주변에 흰 동그라미가 그려졌다. 그렇게 검은 얼굴로 밥을 먹고 철판 위로 돌아갔다.

조선소 안에서 수백 명의 사람이 죽어갔지만, 공장은 어김없이 돌아갔다. 일만 어려운 것이 아니었다. 사람 취급을 못 받았다. 점심때 두발 검사를 하는가 하면, 아이들 학자금을 줄 때 아버지 고과 점수에 따라 차별하기도 했다. 아이가 아무리 공부를 잘해도, 아버지 고과점수가 낮으면 학자금을 못 받았다는 것이다.

이제는 인간답게 살아보자! 민주화 열망 속에 노동자는 노조로 단결했고, 회사는 이를 가혹하게 탄압했다. 구사대가 노동자를 폭행하던 일이 비일비재 하던 때다. 악명높은 '식칼 테러'도 있었다. 파업 중이던 노동자에게 회사 경비대가 칼을 휘둘러 등과 옆구리를 찌르던, 야만의 시절이었다.

128일 투쟁이 시작되다

◦ ◦ ◦

말 그대로 칼을 맞아가면서도 노동자는 민주노조를 지키기 위해 파업으로 맞섰다. 그때 내 인생을 바꾼 '현대중공업 128일 투쟁'이 시작됐다. 노동조합을 탄압하는 공권력의 폭력이 당연시되던 때다. 공장 안에 천막을 치고 농성을 시작했다. 공권력 침탈을 막기 위해 인근에선 다른 공장 노동자, 학생이 모여 연일 가두시위를 벌였다. 경찰과 크고 작은 충돌이 계속 일어났다. 공장 앞은 언제 백골단과 전투경찰이 들이닥칠지 알 수 없어 긴장과 공포가 교차했다. 전쟁 같은 현장이었지만, 가족들이 주먹밥을 만들어 보급하고, 다른 지역 노동자 학생의 발길도 끊이지 않아 연대가 뜨거웠다.

당시 노동자 가족이 많이 살던 만세대 아파트는 '민주광장'이라 불렸다. 시위에 참여해 경찰에 쫓기던 대학생들이 아무 집에나 들어가 몸을 숨겼고, 가족들이 시위대에 밥도 주고, 집 한편을 내어주며 하룻밤 재워주기도 했다. 당시 울산대학생이던 나도 그 민주화운동 현장에 함께 있었다. 그때 노동자와 함께 지낸 하루하루가 지금 내 정치 인생의 뼈대를 이루고 있다. 그렇게 128일간의 투쟁이 이어졌다.

소설 '아리랑'이 생각나는 노동자들과의 밤

∘ ∘ ∘

총학생회 문화 담당이던 나는, 노동자 파업 일정 중 문화 프로그램을 같이 짜기도 하고, 노동자 학생 연대 집회 사회를 맡기도 했다. 언제든 경찰이 들이닥칠 수 있다는 긴장감으로 하루를 보내고 나면 밤에는 천막에 둘러앉아 노동자 형님들과 막걸리를 나눴다. 형님들은 우리보고 잡히면 안 된다고 걱정해 주고, 자신들 사는 이야기를 털어놓았다. 특히 타지에서 돈 벌러 온 사람들이 많았다. 어떤 사연으로 고향을 떠나 쇠를 다루기 시작했는지 각자의 인생사를 이야기하며 나는 돈 벌어서 고향 가서 농사를 짓고 싶다, 나는 나중에 자전거방을 열고 싶다, 그런 소망을 나누는 자리였다. 지역감정이 극심하던 때, 전라도가 고향인 사람들이 경상도로 일하러 오게 된 심경을 조심스레 털어놓기로 했다. 울산이라는 공업도시가, 아직 울산 노동자들의 고향은 아니었던 시절이다.

지금 돌이켜보면 그때 노동자들의 삶은, 식민지 시절 고향을 떠나 일본의 공장이나 해외 황무지에서 일하며 제대로 된 노동자 취급을 못 받고 차별받았던 조선인 노동자의 삶과도 일견 닮아있다. 소설 '아리랑의 노래'가 생각나기도 한다.

조금 다른 이야기지만 나는 그 소설의 주인공 '김산'을 좋아한다. 고뇌하고 실천하는 휴머니스트, 사람에 대한 사랑을 잃지 않으면서 큰 고난을 덤덤하게 견디고 실천한, 단단한 내면을 가진 주인공이라고 생각했다. 누군가는 가야 할 길이기에 묵묵히 걸어가는 모습, 보상을 바라지 않는 희생, 나는 그런 운동가가 되고 싶었는지도 모르겠다.

128일간 노동자와 함께 한 시간이야말로 내가 노동자의 삶, 인생, 가치, 투쟁, 그런 것을 다 배운 시절이었다. 광주의 참상을 목격한 이후 학생운동과 민주화운동의 길을 가겠노라 마음먹었지만, 이때는 '노동자가 인간답게 사는 세상'이라는 것의 구체, 노동자의 삶 하나하나를 피부로 느낀 시간이었다. 노동자가 꾸고 있는 꿈, 미래의 소중함, 이 사람들을 지키고 이 사람들과 같이 살아야 한다고 피부로 체감한 날들이었다.

"전 안 변할게요" 감옥에서 울산으로

○ ○ ○

어느 날 저녁 역시 막걸리를 한잔 나누는데, 술이 거나해진 한 형님이 우리들을 보면서 말했다.

"너네들 지금은 노동자를 위하니 어쩌니 하는데, 다 소용없다. 느그들도 대학 나오면 우리 위에서 군림할 거 아니가. 쓰잘데기 없는 짓 하지 말고 학교 가서 공부나 해라."

켜켜이 쌓였을 원망이 터져나왔다. 뭐라 할 말이 없었다.

"저는 안 그럴게요." 대답하고는 나도 모르게 계속 입속으로 꾹꾹 말을 밀어 넣으며 반복했다. 저는 안 변할게요, 안 변할게요. 그날 밤 그 형님에게 한 약속을 지켜야 한다고, 평생 되새김질하며 살았다.

128일간의 투쟁이 끝나고 나는 집시법을 위반했다는 명목으로 수배당하고 결국 구속되었다. 감옥에 있던 동안 이제 어떻게 살아야 하는지 고심했다. 대학으로 돌아갈 수 없었다. 울산으로, 그 노동자들에게로 다시 돌아가야만 그 약속을 지킬 수 있을 것 같았다. 그렇게 감옥에서 나와서 울산 동구로 향했다.

부르면 눈물나는 어머니. 평생 소원이던 대학졸업장을 생전에 안겨 드리지 못했다

나를 키워준 누님들과 동생과 함께

나의 가장 가까운 지지자이자 동지인 아내

대학생시절. 친구들과 함께

민속극연구회 '얼쑤'에서 광주를 배우고 운동을 시작했다. 맨 뒷줄 오른쪽에서 두번째가 내 모습

당시 울산은 노동자 투쟁으로 들끓었다. 나는 현대중공업 128일 투쟁에 함께한 뒤, 감옥에서 나와 울산으로 향했다

2002년에 처음 출마해 울산시의원이 됐다. 나의 정치 인생이 시작된 때다

사람을
살리는
정치

라면 한 봉지 준 적 있습니까?

하청노동자를 살리자

같이 좀 삽시다

하모니카와 청년의 눈물

전화번호 바꿀 수 없는 사연

라면 한 봉지 준 적 있습니까?

한밤중 전화에서 터진 울음소리

◦ ◦ ◦

2016년 막 국회의원이 되었을 때다. 꺼질 줄 모르던 울산 조선업의 불빛이 어그러지고 있었다. 2010년대 중반부터 시작된 조선업의 불황, 기업은 노동자를 잘라내며 그 위기를 떠넘겼다. 3년 사이에 노동자 3만 4천 명이 해고됐다. 숙련된 기술자부터 이제 막 취직한 청년 노동자까지, 그리고 울산을 일군 노동자와 그 가족들이 울산에서 쫓겨나고 있었다. 동구는 초토화되었고, 울음바다가 되었다.

매일 같이 들려오는 해고 소식. 그때는 한밤중에 울리는 전화만큼 가슴을 선뜩이게 하는 것도 없었다. 평소라면 반갑게 받았을 노동자들의 전화벨 소리가 무겁게 느껴지던 때였다. 어느 날 밤에도 한 형님에게 전화가 왔다. 바닷가에서 소주 한잔 했다는 그는 몇 마디 말을 꺼내다 말고 울음을 터뜨렸다. 내일부터 나오지 말라는데, 가족에게 아직도 말을 못 했다며, 아내한테 아이한테 뭐라고 말을 꺼내야 할지 모르겠다며…. 다 큰 어른인 그가 우는 소리를 들으며 내 억장도 같이 무너졌다.

나는 왜 국회의원이 됐는가. 지금 서울에서 무엇을 하고 있는가. 차라리 지금 울산에 있었으면 저 형님의 손 한 번 잡아주며 소주라도 같이 마시고 위로라도 해줬을 텐데…. 가슴이 무너지는 것 같았다.

무너지는 가슴을 부여잡고 뛰어다녔다. 그러려고 국회의원이 된 것이니 뭐라도 더 해야 했다. 파업하던 노동자들이 광화문에서 청와대까지 삼보일배를 할 때는 옆에서 같이 절을 했고, 무소속이지만 여당 야당 할 것 없이 국회의원을 만나며 조선업을 위해 뭐라도 하자고 뛰어다녔다. 그렇게 노회찬, 김경수, 박지원, 이용득 의원 등과 '조선산업발전 국회의원 모임'도 만들었다. 노동자들 다 죽게 생겼다고 정부 부처를 만나고, 노동자 희생만 강요하는 구조조정만큼은 안 된다고 기자회견도 했다. 답답한 울분을 담아서, 공식적으로 소리라도 쳐야 했다.

조선업 긴급 추경 11조 원, 그런데 노동자는

ㅇ ㅇ ㅇ

대기업이 휘청대고 조선산업이 위험하다고 하니 나라도 시끌시끌해졌다. 2017년, 정부가 예산 11조를 긴급히 추경해 조선업과 일자리 창출에 지원하기로 했다. 이제는 살았구나 싶었다.

그런데 정작 울산시는 그 예산으로 컨벤션센터를 지으려고 했다. 강이 없어도 다리를 만드는 게 전시 행정이라더니 이름을 '조선' 컨벤션센터라고 붙이면 그게 조선업 일자리 창출인가. 번쩍거리는 건물을 세우고 인근에는 큰 도로를 내고 곳곳에 나무들을 심으면 잘려 나갔던 노동자가 돌아오는가. 다행인지 불행인지 컨벤션센터 예산은 추경예산에 반영되지 못했지만, 기어이 다음 해 본 예산에 들어가 건립이 시작됐다.

11조 예산은 기업에도 숨통을 틔워주었다. 무슨 사업, 무슨 사업에 돈이 척척 나갔다. 울산 경제를 살려야 한다며 관광자원 활성화 사업에도 56억 원을 썼다. 동구는 9억 원을 들여 일산해수욕장에 소나무를 심기도 했다.

건물 짓는 것을 반대하는 것이 아니다. 관광산업 예산도 필요하다. 그렇지만 노동자와 그 가족들 목숨이 달린 때였다. 긴급한 위기를 해결하기 위한 예산이었는데, 일자리를 잃고 생활비가 없고 대출금 이자가 밀린 정말 긴급한 처지의 노동자들에게 손길이 가닿지 않았다. 그때 노동자들은 "우리한테 나라가 있어요?"라고 물었다. 나라가 나한테 해준 게 뭐냐고 되물었다.

울산이 자신을 버렸다는 노동자에게

○ ○ ○

평생을 쇠 철판 위에서 살고, 배를 만들어 내고, 울산을 일궈낸 노동자들이 하루아침에 쫓겨났고, 노동자들은 일산해수욕장 바닷가를 서성이며 '앞으로 어떻게 살아야 하나, 이렇게 죽어야 하나?' 괴로워하고 있었다. 그 해변가에는 동구가 추경예산을 받아 심은 소나무가 늘어서 있었다. 6년이 지난 지금도 백 사장의 소나무는 자리를 잡지 못해 애물단지가 되어있다. 뿌리 내릴 때까지는 시간이 더 걸린다고 한다. 그 돈을 사람에 썼더라면, 울산을 떠나야 했던 노동자에게 썼더라면 어땠겠는가. 소나무 대신 사람들이 울산에 자리 잡게 해줬더라면 얼마나 좋았겠는가 말이다.

요즘 조선업을 K-조선이라고 추켜세우고 있다. 그렇지만 K-조선 1번지인 울산은 정작 조선업 인력난에 시달리고 있다. "일감을 많이 따놨는데, 막상 조선소에 일할 사람이 없다"라는 호소도 들린다. 특히 숙련 기술자들이 부족하다. 조선업 불황 당시 구조조정의 여파다.

그때 해고되었던 노동자들은 울산으로 선뜻 돌아오지 않는다. "그때 우리한테 라면 한 봉지 준 적 있습니까?"라고 말한다. "빌어먹었으면 빌어먹었지 중공업으론 안 갑니다"라고 말한다. 버림받았던 상처가 너무 큰 탓이다. 울산이, 중공업이, 나라가, 자신들을 버렸던 것이다.

정책은 사람을 향해야

∘ ∘ ∘

노동자 대통령 룰라가 "왜 부자들을 돕는 것은 '투자'라고 하면서 가난한 이들을 돕는 것은 '비용'이라고만 말하는가"라는 말을 했다.

노동자에게 지원하고, 노동자를 보존하는 것이 결국 산업과 일자리를 살리는 길이라는 것을 얼마나 증명하고 또 증명해야 할까. 행정이 뭐고 예산이 뭐길래 기업에는 돈을 척척 지원하면서, 노동자들에게는 라면 한 봉지 주지 않았단 말인가.

정책은 사람을 향해야 한다. 사람이 없는 성장, 사람이 없는 기술과 발전은 의미가 없다. 이것이 내 정책과 행정의 푯대이다.

하청노동자를 살리자

그 노동자가 까마귀 보고 술 마신 사연

○ ○ ○

2010년 지방선거 예비후보를 준비하던 때였다. 대송시장 근처를 돌다가, 막걸리 집에서 술 한잔하고 있는 30대 노동자를 만났다.

"오늘 아침에 출근하다가 까마귀를 봤는데 참 씁쓸합니다. 그래서 오늘 기분이 영 엉망이라 술 묵고 있다 아인교."

처음엔 무슨 말인지 몰랐다. 대화를 시작하고 나서야 그 까마귀가 무슨 뜻인지 알게 되었다. 까마귀는 현대자동차 정규직 노동자를 지칭하는 말이었다. 당시 정규직 출근복에 이름표를 달고 있어서 누가 정규직인지 보면 알 수 있었다. 그 옷 색깔이

짙은 쪽빛이라 검은색으로도 보였는데, 그걸 까마귀라고 부르는 것이다.

아침부터 정규직 마주쳐서 씁쓸하다는 비정규직 노동자의 울분을 직접 마주치니 충격이었다. 나는 현대중공업, 현대자동차 노동자들과 함께 '노동해방'을 외치며 운동을 시작했고, 그들이 얼마나 모진 탄압과 시련을 견뎌왔는지, 그래서 어떻게 노동자의 삶을 지켜냈는지도 잘 알고 있었다. 그렇지만 정규직 노동자들의 임금이 오르고, 권리가 신장되는 사이에 울산에는 '하청노동자'들의 아픔과 설움이 퍼져가기 시작했다.

"누구는 정규직으로 편하게 잘 사는데, 나는 왜 뭐 빠지게 살면서도 비정규직으로 살아야 되는 이유가 뭔데요."

할 말이 없어 같이 막걸리만 들이켰다. 그 노동자에게 내가 중공업과 자동차 노동자들이 얼마나 어렵게 권리를 쟁취했는지 설명한다고 해서 분노를 삭일 수 있었겠는가. 차별에서 오는 서러움과 불평등은 무엇으로도 위로할 수 없다. 세상을 살아가는데 어쩌면 제일 서럽고 비참한 것이 차별이다. 똑같은 노동자인데 누구만 차별받는 이 현실이, 우리 사회의 가장 고질적인 문제가 되어 썩을 대로 썩어가고 있다.

그 차별과 서러움을

◦ ◦ ◦

조선업에 구조조정 칼바람이 닥쳤을 때 가장 처참하게 칼질을 당한 것도 역시 하청노동자였다. 회사는 업체 폐업이라는 방법으로 노동자를 갈아치웠고, 노동자들은 일을 찾아 떠돌아야 했다. 그때 일자리를 전전하는 하청노동자의 심경은 어땠겠는가. 일하다 휴식 시간에 믹스커피 한잔 마시는 것도 눈치가 보인다고 했다. 언제 잘릴지 몰라 회사는 물론 동료 노동자 눈치를 보며 일해야 했다.

이런 하청 차별, 비정규직 차별은 울산 대기업 공장만의 일도 아니다. 국회의원 시절 정선 카지노에 방문한 적이 있다. 카지노에서 일하는 노동자들이 비정규직 차별이 너무 심각하다며 꼭 한 번만 와달라고 부탁해서, 생전 가볼 생각 없던 카지노를 다 갔다. 같은 명절인데 정규직은 50만 원 상여비가 나오고, 비정규직은 3만 원인지 5만 원인지 준다고 했다. 너무하다 싶어 정선까지 달려갔다. 국회의원이 온다고 하니 사측 관계자들도 같이 나왔다. 노동자들과 여기저기 둘러보는데 쓰레기 같은 물품으로 가득 찬 공간을 보여주면서 여기가 휴게실이라고 했다. 그러려던 게 아닌데, 벌컥 화부터 내버렸다. 여기가 휴게실이냐고, 그럼 당신들이 여기 쓰시라고, 나도 모르게 목소리가 커졌다. 사람을 사람답게 취급하지 않는 곳에서, 어떻게 노동 존중을 말하겠는가.

차별은 끈질기고, 교묘하고, 또 비정하다. 어떤 회사는 마스크 품질을 차별하고, 어떤 회사는 작업화, 안전공구를 각각 다른 걸로 공급한다. 정규직과 비정규직 목숨값이 다르냐는 한 노동자의 비애 섞인 말이 참으로 가슴 아팠다.

나랏일도 그렇다. 산불이 나서 공무원은 지침에 따라 대피했는데 공무직은 집에 가라는 안내를 못 받아 자기 집이 불탄 경험도 있었다고 하고, 공장에 불이 났는데 하청노동자만 그 안에 들어가라는 지시를 받은 적도 있다고 한다. 백화점에 지진이 나고 테러 위협이 있었는데 하청노동자들은 대피 안내조차 받지 못했다고 한다. 대한민국 여기저기에 비정규직 노동자, 하청노동자의 차별과 설움이 폭발하고 있다.

동구를 살리자, 하청노동자를 살리자

○ ○ ○

누가 뭐래도 지금 울산에는 '하청노동자의 편'이 필요했다. 나만의 생각은 아니었다. 동구 주민들도 다 같은 마음이었다. 2022년 동구살리기 주민대회에서 '하청노동자 처우개선'이 주민들 요구안 1위를 차지했다. 동구를 살리기 위해서는 하청노동자를 살려야 한다는 주민 의지를 보여준 것이다.

주민발의 조례를 준비했다. 4천 명이 넘는 서명을 받아 동구 의회에 제출했다. 주민, 노동자 가족, 정규직 노동자 다 같이 힘을 모았다. 당시 현대중공업으로 출근하던 노동자 오토바이 부대가 오토바이를 일제히 멈추고 서명에 응해주는 장면이 아직까지 회자되기도 한다.

주민 힘으로 만들어진 '하청노동자 지원 조례'가 동구 의회에 제출됐는데 처음엔 부결됐다. 통과되기 쉽지 않다는 것은 알았지만 의원들의 이유가 답답했다. "전례가 없다"라는 것이다. 전례가 있어야 할 수 있는가, 노동자를 보호하는데 누가 해본 일만 해야 하는 것은 아니지 않은가. 우리가 선례를 만들어야 했다. 조례가 실현되려면 재정적 부담이 크다는 의회의 고민에 답하기 위해 재원 마련 고민과 계획을 설명하고 지원받을 대상의 폭까지 세세하게 토론하고 협의했다. 나는 의회를 설득하고 주민과 노동자는 연일 의회를 압박했다. 울산을 살리자, 하청노동자를 살리자는 강력한 목소리가 계속됐다. 결국 의회도 만장일치로 조례를 통과시켰고, 다음 해 전국 최초로 울산 동구에서 하청노동자 지원 조례가 만들어졌다.

조례에는 하청노동자가 안전한 환경에서 일할 권리, 적정한 임금과 휴식을 보장받을 권리, 차별 없이 일할 권리를 명시했다. 구청장이 실태조사를 하고, 지원 사업도 추진하고, 교육 및 법률 상담 서비스를 제공할 수 있도록 했다. 이 조례에서 가장 마음에 드는 것은 첫 줄, 이 조례의 '목적'이다.

> "이 조례는 하청노동자의 노동권익을 보호 및 증진함으로써 노동하는 모든 주민이 인간으로서 존엄과 가치를 실현하고 행복한 삶을 누릴 수 있도록 지원하는 것을 목적으로 한다."

이 조례는 2025년 행정안전부가 주관해 전국 101개 의회가 참여한 '지방의회 우수 사례 경진대회'에서 대상도 받았다. 꼭 상을 받아야 좋은 것은 아니라고 하지만, 이런 조례도 가능하다는 것, 하청노동자를 위해 의회가 할 수 있는 선례를 보여준 것이 뿌듯하다.

대상 소식에 조례를 만들었던 주민, 노동자가 기뻐한 것은 물론 의회에서도 뿌듯해했다. 부상으로 노트북을 받았는데 하청노동자 노동조합 사무실에 기부하기로 했다고 한다. 조례의 실효는 이제야 시작이다. 우리는 울산에서 이렇게 하청노동자의 편이 되어 살아갈 것이다.

노동자가 가장 어려울 때 힘이 되는 대출 '노동복지기금'

∘∘∘

"정치가 우리에게 뭘 해줬습니까?" 노동자의 이 물음은 나를 늘 아프게 했다. 노동자가 어려울 때 나는, 우리는 무엇을 해야 하는가.

해고된 노동자의 삶을 지켜본 적이 있는가. 당장의 월급만이 아니다. 주택담보 대출 이자가 밀려오고, 보험료가 체납되면 병원에 갈 수가 없다. 신용도가 떨어졌다며, 일자리가 없어 안된다며 대출도 거절당한다.

어려운 노동자에게 손 내미는 곳이 없다면 정치가 손을 내밀 수 있었으면 했다. 그래서 '노동복지기금'을 구청장 1호 공약으로 준비했다. 긴급하게 생활자금을 빌려줄 수 있는 기금, 아픈 이들에게 생활을 지원할 수 있는 기금을 조성하기로 했다. 안정적으로 운용되려면 300억 원은 있어야 했다. 근거 조례도 만들어야 했다. 동구 예산 규모상 큰 사업이니 의회 통과도 쉽지는 않았다. 그래도 나는 자신이 있었다. 어려운 노동자를 외면하지 않고 같이 보태줄 사람, 기업, 정치가 있다고 생각했다. 결국 의회도 뜻을 모았고, 공약 1호였던 노동복지기금 설치 및 운영 조례에 사인할 수 있었다. 기금 조성에도 따뜻한 바람이 불었다. 현대중공업 노동조합이 흔쾌히 2억 원을 기탁하며 문을 열었고, 현대중공업 통상임금 소송에서 승리했던 노동자 변호사분들이 변호사비 중 3억 원을 기부해 주셨다.

이렇게 차곡차곡 모인 기금으로 노동자를 살피는 것이 요즘 동구청이 하는 일이다. 갑자기 상환이 어려워진 전세 대출금의 이자를 지원해 주고, 부상이나 질병, 산재로 소득이 없어진 노동자들에게도 긴급생활안정자금을 1.5%이자로 대출해 준다.

얼마 전 거리를 지나는데 50대쯤 되어 보이는 한 여성분이 달려와서 고맙다고 인사한 적이 있다. "얼마 전에 남편이 건강 문제로 그만두게 돼서 고민하다가 노동복지기금 상담했는데, 너무 큰 도움이 되었다"라고 인사해 주셨다. 회사에서 월급이 밀렸는데 그만둘 수도 없는 상황에서 긴급 생활비를 대출받은 분도, 하청업체에서 일하다 수입이 끊긴 사이에 전세금 대출 이자를 지원받아 한숨 돌렸다는 분들도 있다. 노동자 가족의 밝아지는 얼굴을 직접 볼 수 있어 기뻤다.

정리해고 구조조정으로 노동자의 울음과 탄식이 번지던 울산. 그때 노동자에게 들은 "정치가 우리에게 라면 한 봉지 준 적 있느냐"라는 물음. 그 물음에 조금이나마 답할 수 있게 된 것 같아 이제야 조금 마음이 놓이는 기분이다.

사람을 살리는 정치, 울산을 살리는 정치

○ ○ ○

어려운 노동자에게 손 내밀고, 그들의 일자리를 살피고, 무엇보다 그들의 행복을 살피는 것. 하청노동자의 설움과 아픔을 조금이라도 덜어줄 수 있고 직장을 잃고 절망에 빠진 노동자

가족에게 잠시 든든한 뒷배가 되어줄 수 있다면. 이것이야말로 내가 정치를 계속할 수 있는 원동력이자, 정치에서 얻는 가장 큰 보람이자 기쁨이다.

정치는 사람을 살리는 것이어야 한다. 사람에게 손을 내미는 것이어야 한다. 그리고 노동자의 도시 울산은, 노동자가 행복해야 한다. 노동자를 살리는 정치가 울산을 새롭게 살릴 것이다.

“같이 좀 삽시다”

동구 가자 프로젝트

○ ○ ○

내가 처음 정치를 시작했을 때는 우리 울산도 ‘젊은 도시’였다. 태동하는 도시로서 해결해야 할 노동문제는 산적해 있었지만 그래도 도시는 성장하고 있었고, ‘생산하는 도시’라는 자부심이 있었고, 미래가 있었다. 특히 울산 동구는 세계를 무대로 하는 대형 조선업이 자리 잡고 있으니 더 그랬다. 전국에서 살기 좋은 도시 2위에 선정된 적도 있다.

그러나 조선업의 위기로 인해 3, 4년 만에 동구 전체가 휘청이는 경험을 하고 나니 동구의 미래를 걱정하지 않을 수 없었다. 나쁜 일자리, 청년인구 급감, 인구 소멸까지… 예고된 위기를 돌파하기 위해서는 도시의 미래를 새로 설계해야 했다.

나와 우리 당은, 울산 동구에 '지역순환경제'가 필요하다고 생각했다. 지방 소멸 시대에 주목받는 도시였던, 지역순환경제로 유명한 영국 프레스턴시에도 직접 방문했다. 제조업으로 번성하다가 쇠퇴를 겪은 작은 도시가 어떻게 순환 경제를 도입했는지, 현재의 모습은 어떤지 직접 확인하고 싶었다.

프레스턴시는 거대 자본이나 외부 투자를 유치하는 것이 아니라 '지역의 부'를 민주적으로 축적하는 실험을 했다. 시의회가 주축이 되어 지역 대학, 공공기관과 협의체를 구성했다. 이들을 '앵커 기관'이라고 부른다. 앵커는 '배의 닻'을 말하는데 지역에 뿌리를 내리고 있다는 뜻이다. 그리고 좋은 일자리가 근간이 되어야 한다고 생각해 '생활임금'을 보편화하기 위해 노력했다. 지역이 살아남기 위해 지역의 모든 자원을 선순환구조로 개편해 자립하는 시도였다.

작은 것부터 지역순환경제를

○ ○ ○

거창하진 않더라도, 지역순환경제를 위한 작은 것부터 시도해야겠다 생각했다. 울산 동구는 특히 아이들 교육과 문화, 체험시설이 턱없이 부족했다. 요즘 공부는 교과서만 배우지도 않고 학교에서만 하지도 않는다. 그렇지만 당장 수백억이 드는 시설을 턱턱 만들 수도 없는 노릇이었다.

우선 구에서 시작해 보자 마음먹고 교육 체험 프로그램을 개발하기로 했다. 찾아보니 당장 시도할 수 있는 것들이 많았다. 구청 지적과에 있는 드론 전문가들이 드론 교육 교실을 열고, 녹지과에서는 숲 체험을 진행했다.

외부 기관과의 협업도 시작했다. 선박·해양 플랜트 연구소에서 운영하는 '자율 운항 선박 실증 연구센터'가 있다. 여기서 조선산업의 역사와 미래 조선산업에 대해 체험하는 프로그램을 운영했다. 울산과학대와 연계해서 스포츠 재능 발견 프로그램도 열었다. 프로그램은 다 반응이 좋았고, 더 해 볼 만한 일이 많아 보였다. 아이들 교육 체험 행사만이 아니라 동구 전체를 대상으로 본격적으로 시작해 보기로 했다. 이름은 '동네 구석구석 가치를 높이자'라는 뜻으로 '동구 가자 프로젝트'로 붙였다. 모두의 역량을 모아 동구에서 '상생'을 이뤄내 보자는 거였다.

기업들도 적극적으로 동참시켰다. 어린이 책 놀이터를 만들 땐 현대중공업에서 부지를 기부받았다. 현대자동차와 노동조합 지원으로 화정동에 돌봄센터를 추진하고, 현대중공업 담벼락을 개방해 도시 경관을 혁신하는 것도 추진하고 있다. 현대미포조선이 지역아동센터 3곳 시설 개선 사업 추진에 지원하기로 했고, 중공업이 구청 노사 외국인 지원과와 같이 플리마켓도 열었다.

지역 마트도, 은행도 찾아다녔다. 내가 직접 만나기도 많이 만났다. "새마을금고는 기부한다는데 국민은행은 안 하시겠습니까?" 사회 공헌을 적극 제안하며 기업과 지역을 연결했다. 동구가 잘 살기 위해 모두가 힘을 합치자, 동구에 닻을 내리는 기업이 되자, 그런 취지에 공감하는 기업들이 움직이기 시작했다.

지역순환경제라는 취지에 비하면 아직 미약할지 모른다. 그렇지만 구청이, 행정이 든든하게 중심을 잡고 있으니 이 네트워킹이 빠르고 단단하게, 실속있게 구성될 수 있으리라는 희망을 갖게 된다.

남목산업단지를 조성하다

○ ○ ○

나는 노동 문제에 관심이 많은 만큼, 기업에도 관심이 많았다. 특히 울산 동구의 노동, 경제 문제 해결을 위해서는 근본적으로 조선업 위주의 경제를 다변화해야 한다고 생각해 왔다. 조선업에만 의존해서는 동구 경제가 반복적으로 출렁일 것이기 때문이다. 지금 조선업이 호황이라고 해서 다시 불황이 오지 않으리라는 법이 없고, 산업 생태계 다변화는 주요한 생존 전략이다. 조선업과 자동차산업, 그에 딸린 수많은 협력업체와 노동자. 울산의 미래에 대해 이런저런 생각이 많은 때였다.

우연히 현대자동차 사장과 만난 자리에서 미래의 전기자동차 생산에 관해 이야기를 나누게 됐다. 현대도 전기자동차 생산 시스템으로의 전환 계획을 이미 세우고 있었다.

내가 현대자동차 주변에 협력업체나 부품 생산단지를 직접 조성하는 것은 어떻겠느냐, 특히 현대자동차 인근의 북구 성내, 또는 동구 남목 일대가 좋아 보인다는 아이디어를 꺼냈다. "남목에 부품공장이 있으면 여차하면 리어카로 싣고 오면 되는 것 아닙니까?"라고 말하자 현대자동차 사장도 공감했다. 그때는 또 코로나 시기였다. 물류나 검역 관련해서 복잡한 상황이 많이 발생하고 있었고, 안정적인 부품 수급에 대한 고민이 많았을 때다.

현대자동차 사장은 관심을 표하면서도 "그런데 거기 들어올 기업이 있겠습니까"라고 물었다. "있을 겁니다. 조사부터 해보시죠." 조사해 보니 협력업체와 부품회사가 너도나도 입주할 의향을 가지고 있었다. 충분했다. 이렇게 남목에 자동차 산업단지 조성을 추진하게 됐다.

동구 남목을 넘어 울산으로 번지는 소위 '사이즈'가 큰 일이 되었다. 더 잘된 일이다. 울산 전체의 경제가 탄탄해질 수 있는 계기가 된다면 얼마나 좋겠는가. 울산의 경제가 탄탄해져야 노동자가 안심하고 살 수 있게 된다. 이 사업이 성공할 때까지 나도 지원을 아끼지 않을 것이다.

노동자 편 정치인, 현대중공업 편을 들다

◦ ◦ ◦

조선업이 불황이던 시기, 정부는 일자리를 창출한다며 조선업 '공공 선박 발주'를 추진했다. 5조 5천억 원을 들여 40척 규모의 공공 선박을 발주하는 것이다. 소식을 들은 울산에서도 기대감이 컸다. 쫓겨나는 노동자에게 일자리를 만들어 줄 하나의 기회라고 생각했다.

그런데 당시 현대중공업이 UAE 원전 입찰비리 문제로 해당 사업에 참여조차 못 할 상황에 처해있었다. 아찔했다. 입찰 비리는 심각한 범죄고 기업에 마땅한 처벌이 가해지는 것은 당연하다. 그렇지만 더 중요한 것은 조선산업에 달린 노동자의 목숨이었다. 입찰비리 책임에 대해 경영진에게 백배 천배 죄를 물어야 하지만, 노동자와 지역 주민에게는 죄가 없지 않은가. 비상한 상황을 타개하기 위해 도입된 정부의 공공 발주가, 울산 노동자를 외면하는 결과가 나와서는 안 된다고 생각했다.

열심히 뛰어다녔다. 당시 산업통상자원부도 만나고, 이낙연 국무총리까지 직접 찾아갔다. 나중에 들은 이야기다. 이낙연

총리는 내가 찾아온 걸 보며 처음에는 '현대중공업에 발주 주면 안 된다고 이야기하러 왔구나' 싶었단다. 정작 나는 총리를 만나자마자 "왜 현대중공업에서는 참여할 수 없습니까?"라고 건의했다.

"이번 공공 발주의 성격이 뭡니까. 결국 조선산업이 어려워 노동자 고용유지가 어려우니, 특수성이 있어 하는 일 아닙니까. 비리는 비리대로 엄격하게 처벌하십시오. 그런데 지금 울산에는 이 공공 발주가 너무나 필요합니다. 이대로라면 조선업 기술도 다 죽습니다. 노동자가 남아있지 않으면 어떻게 기술이 남겠습니까. 이것이야말로 특수한 상황입니다."

당시 현대중공업 하청업체와 노동자와 지역 주민, 울산시까지 나서서 정부에 '현대중공업의 비리는 처벌하되 공공 발주는 참여하게 해달라'는 청원 운동도 벌였다. 그리고 다행히, 현대중공업은 이후 정부 사업 입찰에 참여할 수 있었다.

나중에 듣기로는 기업 관계자들도 내가 그렇게까지 나설 줄은 몰랐다고 한다. 소위 노동자 편이라는 진보 정치인이 기업 일에 그렇게 적극적일 줄 몰랐다는 것이다.

진보 정치인이 왜 노동자 편을 들겠는가. 같이 살자는 것 아닌가. 노동자가 살아야 기업이 살고, 기업이 살아야 노동자가 산다는 그 당연한 말, "같이 좀 삽시다"라는 이 당연한 말을 기업들이 좀 귀담아들어 줬으면 좋겠다.

무엇보다 현대중공업은 그렇게 어려웠던 시기에 노동자와 지역 주민에게 입은 혜택을 잊어서는 안 된다. 잘될 때는 경영 성과이고, 어려울 땐 노동자들부터 잘라내는 그런 마인드는 이제 정말 끝낼 때가 되지 않았나.

얼마 전 현대중공업 정기선 회장을 조선업 관련 행사장에서 만났다. 다가오더니 "조선업이 어려울 때가 많았는데 죄송하다"라고 말을 건넸다. 나도 답했다. "동구 지역도, 노동자들도 얼마나 어려웠는지 알고 계시지 않습니까. 함께 사는 길을 찾아야 합니다."

상생이 어디 말로 이루어지겠는가. 다시 한번 호소한다. 제발, 같이 좀 삽시다.

하모니카와 청년의 눈물

"어떻게 사는 게 잘 사는 거예요?"

◦ ◦ ◦

2022년 두 번째 구청장으로 취임하며, '청년'에 대한 고민이 정말 컸다. 어떻게 하면 청년들을 울산에서 살게 할 수 있을까. 청년들이 울산에서 원하는 것은 무엇일까. 청년에 관한 생각이 늘 끊이지 않았다.

청년들 이야기를 듣고 싶은 마음에 '호프데이'도 여러 번 가졌다. 그때 한 청년과의 대화가 잊히질 않는다.

"청장님, 어떻게 사는 게 잘 사는 거예요?" 순간 말문이 막혀 "허허 글쎄, 어떻게 사는 게 잘 사는 걸까? 열심히 살아야겠지?"라고 답했더니 청년이 "그렇죠? 열심히 살아서 좋은 직장

가고 결혼하고 애기 낳고 그렇게 살아야 잘 사는 거죠? 우리 엄마 아빠랑 똑같네요"라고 웃었다. 그 청년이 이어서 이렇게 말했다.

"저는 그런 말 한번 듣고 싶었어요. 너는 행복하니? 행복하게 살았으면 좋겠다."

아, 나도 별수 없는 꼰대에 기성세대였구나. 말로는 청년, 청년 하면서, 그냥 호프데이 같은 거 열고 만족하는 정치인이었나보다. 나도 "너희는 지금 행복하니"라고 한마디 물어보질 못했구나. "저희가 어떻게 사는지 정말 궁금하긴 해요?"라던 청년의 말이 계속 귓가에 맴돈다.

이 이야기를, 청년들의 부모를 만난 자리에서 전한 적이 있다. 공유 주택에 입주한 청년들 부모를 만나는 자리였다.

"아이들은, 행복하게 살았으면 좋겠다는 말을 듣고 싶어 합니다."

부모들이 그 자리에서 펑펑 울었다. 생각해 보니 아이들한테 뭐 했니, 뭐는 했니, 라고 수없이 물어봤지만 한 번도 행복하냐고 물어본 적이 없었다면서.

나도 그랬다. 이 각박한 세상에서 살아남으라고 청년들의 일자리, 청년들의 정주 여건, 청년들의 주택 조건, 결혼, 출산 등등만 생각했던 것은 아닌가. 요즘 세상이 살기 힘들다 힘들다 말은 하지만, 그 세상을 이겨내려고 하는 아이들을 그저 어리고 철없게만 봤는지도 모르겠다. 이 친구들은 세상에서 행복을 찾고 싶어서 열심히 살아가고 있는데 말이다.

청년, 청년, 청년

○ ○ ○

구청장으로 취임하자마자 청년정책 준비에 들어갔다. 원래 청년 특보를 두고 청년정책을 설계하고 진행하려고 했는데 구상하다 보니 기존 구청의 행정 체계 안에서 청년 정책이 제 색깔을 발휘하기가 쉽지 않아 보였다.

청년의 목소리를 듣고, 정말 청년에게 필요한 새로운 정책을 시도하고 싶었는데 그럴수록 정책 논의 구조, 움직이는 구조가 중요할 것 같았다. 행정 눈치를 보거나 기존 방식을 답습하는 것이 아닌, 살아있는 청년 정책을 만들기 위해서는 별도의 운영 주체와 동력이 필요하다고 봤다. 특히, 청년들이 움직일 물리적 공간이 필요했다.

우리처럼 나이 많은 세대, 학생회에서 학생운동을 하거나 노동운동을 해본 사람들에게는 익숙한 경험이지만, 사람이 사람을 만나고 움직일 때는 같은 공간에서 몸을 부딪치며 마음이 통하는 경험을 할 때가 최고다. 그래서 농활도 가고, 공활도 가고, 문화 강좌를 열고, 교실을 열었으니까 말이다.

온라인도 좋지만, 오프라인에서 청년들이 모여서 뭔가를 시도하고 준비할 공간이 필요하다고 생각했다. 마침 기존 구청장이 준비하던 도시재생사업에 맞춰 청년센터 건립이 준비되고 있었다. 우선 이를 활용하기로 했다. 정책 중심으로 설계된 것이 아니라 도시재생을 위해 세워진 곳이다 보니 대로변에서 건물 입구나 간판도 보이지 않을 정도로 접근성은 낮아 아쉬웠다. 마음 같아선 당장 떡하니 번듯한 공간을 찾아 청년센터를 새로 열어주고 싶었지만 우선 빨리 시작하고, 필요하면 한 개 더 만들자고 마음먹었다.

청년센터를 준비하는 청년팀과 수차례 아이디어 회의를 했다. 그때 모인 의견은 '일하는 청년'이었다. "울산에는 일하는 청년이 매우 많다. 그렇지만 이 청년들은 울산에서 자신의 삶을 즐기기가 어렵다. 이들의 삶에 주목하자." 서부동에 건립되는 청년센터를, 일하는 청년이 아무 때나 편하게 찾을 수 있는 공간이자 청년정책을 고민하고 시도할 수 있는 거점으로 삼기로 했다.

청년센터, 여성 청년들의 공간이 되다

○ ○ ○

취임 해에 바로 준비해 바로 다음 연도 1월 청년센터를 열었는데, 직접 청년들 속으로 들어가 만들어 낸 청년 정책은 역시 좀 달랐다. 청년들이 직접 센터에서 일하면서 프로그램을 만드니 속도도 빠르고 어우러지기도 좋았다.

우선 센터를 가장 먼저 찾은 이들은 여성 청년들이었다. 일하는 청년이 오며 가며 쉬고 이야기를 나누지 않을까 기대했지만, 정작 이런 공간이 절실했던 것은 젊은 여성 청년 – 이제 막 결혼해서 아이를 낳고, 남편은 울산 동구 제조업에서 일하고 있는 이들이었다.

센터에서는 곧 '육아하는 청년들'이라는 프로그램과 커뮤니티를 만들어 육아 상담 강좌를 열고, 뜨개질하며 아이 키우는 수다를 떨 수 있는 공간을 만들기도 하고, 경력 단절이 아니라 경력 보유 여성으로서 다음 인생을 설계하기 위한 고민을 나누었다.

프로그램 성격을 생각했다면 여성 프로그램이라고만 여겼을 것이 현장 요구와 접목하니 울산 동구 청년 맞춤형 프로그램이 되었다. 결혼해서 동구로 이사 온 청년들, 여기가 아직 고향도 아니고 연고도 없어 외롭고 쓸쓸했을 젊은 청년에게 소중한 프로그램이 되었다. 종종 청년 부부들이 같이 센터를 찾는다고 한다. 역시 젊은 청년인 남편들이, 아내가 밝아졌고 즐거워한다며 너무 감사하다는 인사를 전했다고 한다.

일산 밤바다의 버스킹

○ ○ ○

일산해수욕장을 청년의 공간으로 만들자! 나는 확신이 있었다. 청년들은 문화와 예술을 즐겨야 한다, 놀 공간이 있어야 한다, 그것이 숨통이 될 것이다. 어떻게 보면 너무 뻔하고 도식적인 이야기일 수도 있다. 그렇지만 문화예술 운동을 오랫동안 해온 나로서는, 이런 때일수록 문화예술의 힘이 필요하다고 생각했다. 그래서 일산해수욕장에 '청년 광장'을 만들기로 했다.

일산해수욕장은 원래 나이 지긋한 어르신들이 많이 찾던 곳이었다. 어르신들이 모여서 장기도 두고, 바다 앞에서 색소폰을 부는 것도 좋지만, 이 바닷가를 청년들이 맘껏 쓰는 모습이 보고 싶었다. 마침 동구청에 남부관광사업 예산이 선정되어 있었다. 이 예산으로 일산해수욕장을 청년들이 넓은 공간을 활용할 수 있는 놀이터, 문화 예술의 거점으로 만들기로 했다. 우선 해수욕장 곳곳에 청년 버스킹 공간을 만들었다. 해변을 따라 청년들이 낮이나 밤이나 노래하고 연주하기 시작했다. 요즘 유행하는 '사운드 워킹'이라고 입소문도 났다.

나는 잠이 오지 않는 밤이나, 일찍 일어난 날 동트기 전 새벽이면 종종 일산해수욕장을 찾았다. 청년들이 노래하고 있으면 그렇게 흐뭇하지 않을 수 없다. 만 원짜리를 슬쩍 팁 박스에 넣고 지나가고는 했다. 그러다 가끔은 나를 아는 체하는 청년도 만나고 인스타용 인증사진을 같이 찍는 기쁨도 누렸다.

일산 해수욕장이 점점 젊어지고 있다. 청년들의 문화 거점 '청년스테이지 온'도 새로 열고, 바다를 보며 일 할 수 있는 워케이션센터 '온앤오프'도 열고, 2025년에는 꿈꾸던 '일산청년광장'도 열었다. 같은 해 가을 청년들의 첫 축제인 '대왕암 힙합 페스티벌'을 열었다.

일산 해수욕장은 이제 낮이건 밤이건 시끌시끌하다. 마을엔 자고로 청년들이 북적북적, 시끄러운 소리가 나야 살아있는 것 같지 않은가.

고향사랑기부제의 성공, 청년공유주택

◦ ◦ ◦

청년들이 일하고, 뿌리내리는 울산이 되기 위해서는 일자리와 함께 주거 여건이 중요했다. 마침 고향사랑기부제가 처음 도입되던 때였다. 울산 동구는 고향사랑기부제로 모인 기금을 '청년들을 위한 공유 주택 건설'에 사용하기로 했다. 울산이 고향인 이들이, 자신이 사랑하는 울산이 청년이 모이는 공간이 되길 바라는 마음을 모아주길 바랐다. 결과는 좋았다. 고향을 아끼는 통 큰 기부자들도 나타나면서 공유 주택 마련은 속도를 냈다. 청년들이 모여 살 수 있는 공유 주택이 세워졌고, 주택 한쪽에는 공동생활 거점, 청년 커뮤니티 공간이 될 '청뜨락'을 두었다.

전국 곳곳에 청년주택이 있고, 또 반상회처럼 커뮤니티를 유지하기 위한 시도가 있는 것으로 알고 있다. 어떤 이들은 청년들에게 집을 잘 빌려줬으면 됐지 간섭하지 말라고 하기도 하고, 어떤 사람들은 요즘 청년들은 그렇게 교류하고 싶어 하지 않는다며 커뮤니티 시도를 부정적으로 생각하기도 한다.

그렇지만 나는 마을에 정붙이고 산다는 것은, 결국 인간의 근원적인 외로움을 공동체에서 달래가며 살아가는 것이라고 생각한다. 형식적이거나 행정 중심주의적인 접근이 아니라면 해 볼 만하다고 생각했다. 대신 사업의 주체와 동력을 분명하게 선정해 청년센터의 친구들이 '매니저'를 맡아서 모임을 운영하기로 했고, 형식적으로 굴러가지 않도록 몇 명이 모였느니, 몇 번을 이용했느니, 하는 정량적 평가는 절대 하지 않는다는 원칙을 세웠다.

그렇게 공유 주택 한편에 같이 밥도 해 먹을 수 있고 작은 모임을 할 수 있는 공간 '청뜨락'이 자리 잡았다. 처음 우려와 달리 청년들이 1인분 배달이 힘든 음식을 나눠 먹기도 하고, SNS로 소통해 '뭐 뭐 같이 시켜 드실 분'을 모집하는 등 알차게 이용하고 있다고 한다. 이런 소식을 들을 때면 내 배가 다 부른 기분이다.

위로의 하모니카

◦ ◦ ◦

청년 공유 주택에 입주한 청년들과 인사할 기회가 있었다. 솔직히 내가 만나고 싶어서 찾아가겠으니 자리 한번 만들어달라고 했다. 어떤 청년들이 신청했는지, 어떤 마음으로 울산에서 살고 싶어졌는지 듣고 싶은 욕심이 컸다. 그렇지만 구청장이라는 사람이 떡하니 나타나서 좋은 집 마련해줬으니 잘 살아라, 이런 식의 인사를 하고 싶진 않았다. 어떻게 해야 할지 고민하다가 하모니카를 하나 들고 갔다.

나한테 하모니카는 어릴 때 외로움을 달래던 수단이었다. 집에 돌아와 아무도 없을 때면 엄마 아빠를 기다리며 불던 하모니카, 소에 풀 먹이러 갈 때면 들고 가던 하모니카. 청년들에게 하모니카 한번 불어주고 싶다며 노래를 연주했다. 썩 훌륭한 연주는 아니었겠지만 다들 그래도 열심히 들어줬다. 한번은 연주를 듣던 청년 한 명이 울컥하더니 눈물을 흘렸다. 머쓱해할까 봐 따로 물어보진 못했는데, 나중에 다른 청년에게 들으니 이렇게 말하더란다.

"나는 정치도 잘 모르고, 구청장이 누군지도 모르고 살았는데, 이런 사람인 줄 몰랐다. 정말 우리를 생각해 주는 것 같고, 어른에게 위로받는 것 같았다. 이런 경험이 처음이었다."

그러면서 사실 연주를 엄청 잘한 건 아니라고 슬쩍 덧붙였다고 한다. 이 이야기를 전해 들으며 다시 한번 생각했다. 그래, 나는 좋은 어른이고 싶다. 나는 어쩔 수 없는 예전 세대고, 소위 '요즘 애들'의 감성과 잘 통하지도 않을 테고, 또 억지로 이해할 수도 없다고 생각한다. 그렇지만 최소한 미안함은 아는 어른, 뭐라도 더 해주는 어른이고 싶다. 무엇보다, "지금 행복하니"라고 묻는 어른이 되고 싶다.

전화번호 바꿀 수 없는 사연

명절에 술 한 병 들고 버스회사 사장님을 만나다

○ ○ ○

처음 국회의원이 되었을 때 서울에 가서 무수한 거리의 노동자 투쟁 현장을 보며 참 어찌할 바를 모르겠는 심정이었다. 매일 매일 농성장만 돌아도 다 돌지 못할 만큼 길바닥이 다 노동자들의 투쟁 천막이었다.

하늘에 오르고, 스스로를 감옥에 가두고, 추운 한겨울에 거리에서 지내는 노동자를 만날 때면 늘 무거운 마음이다. 한시라도 빨리 저 노동자를 집에서 재우고 싶은 마음이지만, 길게 싸우고 있다는 것은 그만큼 어려운 문제를 가지고 싸우고 있다는 것이기도 했다. 노동자들 옆에서 투쟁하는 것보다, 그 노동자들의 문제를 해결하는 것은 더 만만치 않은 일이었다.

처음 시의원을 할 때, 울산의 경진여객이라는 큰 버스회사가 임금을 수억씩 체불하는 일이 있었다. 결국 회사가 부도나고, 대표는 구속됐다. 하루아침에 큰 버스회사가 망하게 생겼으니, 대책이 시급했다. 울산의 다른 버스회사 사장들이 공동출자를 해서 인수하기로 했는데 문제는 고용승계였다.

당시 파업 중이던 경진여객 노동자들은 현실적인 고용승계를 위해 협조하기로 했는데, 막상 버스 인수 절차가 끝나자, 고용유지 약정서 해석을 두고 노사 입장이 달랐다. 노동자들은 사기를 당했다고 느꼈고, 사측은 냉담했다. 결국 일자리도 잃고 체불된 임금과 퇴직금도 날리게 된 노동자들은 천막 농성을 시작했다.

민주노동당 당원들과 이리 뛰고 저리 뛰면서 노동자 일자리만큼은 지켜야 한다고 애를 썼다. 기자회견도 하고, 시민 여론전도 하며 투쟁을 같이했다. 시의원으로서 회사와 노동자들과의 협상 자리를 만들기 위해 애썼지만, 해결 기미가 없었다. 회사는 사업 면허를 정당하게 받았으니 고용 승계할 이유가 없다고 버텼다. 천막 농성이 여러 번의 계절을 지나고 열 번도 넘는 협상을 해봤지만, 진전이 없이 멈춰있었다. 명색이 시의원인데 하루하루 심장이 조이고 답답해지기만 했다.

그렇게 맞은 어느 추석날이었다. 해마다 명절이면 돌아가신 부모님을 찾아뵈었지만, 그날은 결국 술 한 병을 사 들고 버스회사 대표님 댁을 찾아가기로 했다. 나이 지긋한 대표님이었다. 가서 할 말도 딱히 없었다. 그냥 솔직히 이야기했다.

"저 오늘 부모님 제사도 모셔야 하는데 마음이 쓰여서 여기에 왔습니다. 딴 건 몰라도 사람들은 살려줘야 하지 않겠습니까."

그때 어떤 이야기를 나눴는지 다 기억은 나지 않는다. 다만 처음엔 떨떠름하게 나를 바라보던 대표님이 명절이 끝나자 전화를 주셨다. 한번 잘해보자고. 그제야 회사가 조금 말이 통하기 시작했다.

다시 협상이 열렸지만 지지부진한 건 마찬가지였다. 의회에서 할 수 있는 일이 없을지 고민했다. 그때 시의회 산업건설위원회에는 나 빼고는 전부 한나라당 의원들이었다. 의원들 한명한명에게 직접 부탁했다. 한 번만 도와달라고, 사람 좀 살리자고. 최근 경진여객을 인수한 회사에 들어갈 시의 버스 지원 예산을 일단 삭감하자고 했다. 나중에 살릴 수 있으니 나 한번 믿어달라고 했다.

간청한 덕분인지, 버스 문제가 워낙 큰 지역 문제라 의원들도 해결하는 데 뜻을 모아준 것인지, 그렇게들 동의해 줬다. 소식을 들은 버스 회사는 난리가 났다. 한나라당 의원들은 "김종훈한테 찾아가 보라"라고 답했다고 한다.

내 딴에는 양동작전을 쓴 셈이다. 그렇게 부랴부랴 협상에 물꼬가 트였다. 회사 측도 고용승계에 준하는 조처를 하기로 했고, 길고 긴 버스 노동자들의 농성은 그제야 마무리됐다.

15초 차이로 벌금 낸 택시기사

○ ○ ○

보통 일찍 출근하는 편이지만 그날따라 이른 새벽이었다. 5시쯤 되었으려나, 가을 단풍철이었다. 나들이 가는 주민 관광버스를 배웅하고 구청으로 들어서는 길이었다.

80살은 되어 보이는 택시 기사 한 분이 현관에서 기다리고 있었다. 어쩐 일이십니까, 했더니 "아니 일산 해수욕장에서 오줌싸고 나왔는데 택시가 단속에 걸렸습니다. 이거 이렇게 막 단속해도 됩니까?"라고 하신다. "아니 얼마나 계셨길래요." 했더니 "한 1, 2분 잠깐 갔다 왔는데 그럽디다"라고 하신다. 주차 단속 시스템상 그럴 리가 없는데, 싶었지만 너무 억울해 보이셨다. 옆에 물어보니 벌써 구청을 두세 번 찾아오신 분이란다. "네 한번 알아보겠습니다." 답하고는 담당자한테 그분 인적 사항으로 단속 내역을 뽑아달라고 부탁했다.

아쉽지만 기계의 오류도, 누구의 실수도 아니었다. 화장실에서 일이 급하셨든지 아니면 다른 볼일이 있으셨던지 시간을 한참 오버하신 거였다. 이걸 어째야 하나 싶었다. 어르신에게 화장실 길게 쓰셔서 그럽니다, 라고 말하자니 그분이 부끄러워 하실 것 같았다. 주차 단속 범칙금은 4만 원이었다.

그분을 다시 만났다. "아이구 어르신 제가 찾아보니까 정말 딱 15초 넘었네요. 아니 겨우 15초 가지고 단속하다니, 이거 제가 담당자들 교육 단단히 시키겠습니다." 그제야 어르신은 만족하고 돌아가셨다.

올바른 민원 해결 방식은 아닐지도 모르겠다. 그렇지만 구청까지 찾아와서 화장실 사연을 털어놓은 어르신이 너무 민망하지 않도록 도와드리고 싶었다.

이런 민원은 행복한 민원에 속한다. 이렇게 내가 직접 한 명 한 명 고민을 해결해 드릴 수만 있다면 얼마나 좋을까. 시의원 때부터 구청장, 국회의원을 하면서까지 같은 전화번호를 쭉 쓰고 있다. 정치를 하면 민원용, 업무용 전화를 따로 쓰는 분들도 있지만 그게 잘 안된다. 그러다 보니 직접 오는 전화와 문자도 갈수록 늘어난다. 얼마 전 새벽에는, 한 어르신에게 전화가 왔다. 급한 일이신가 놀라서 받았더니, 거친 목소리로 노인 일자리 좀 알아봐달라고 부탁하셨다. 새벽 3시였다. 별일이 아니라 다행이라 생각하면서도, 이렇게 새벽에 전화할 일은 아니지만 싶다가도, 그래 그분에게는 그만큼 다급한 일이겠거니 생각한다.

그렇지만 시간은 한계가 있고 미처 받지 못하는 전화도, 문자 한 통으로는 해결할 수 없는 민원도 쌓여만 간다. 하지만 나에게 털어놓는 한 명 한 명의 이야기를 외면할 수가 없다. 앞으로는 어떻게 해야 할까. 여러분께 묻고 싶은 심정이다.

손 닿는 사람들을 살리고 싶다

사람에게는 직감이라는 게 있다. 전화 한 통에서도 그 사람의 숨소리, 기색, 태도에 따라 유독 더 마음이 가는 때가 있기 마련이다. 그날, 우리 동구청 공무원도 그랬다.

어떤 분이 구청으로 복지 혜택을 묻는 전화를 주셨다. 안타깝게도 해당하는 복지가 없어서 어렵겠다는 답변을 드릴 수밖에 없었다. 목소리에 힘도 없고 걱정이 되는 터라, 담당 직원은 해당이 안 되더라도 도와드릴 수 있으니 힘드신 일 있으면 연락하시라고 신신당부하고 전화를 끊었다고 한다.

다음날, 영 마음이 쓰이던 그 직원은 먼저 다시 전화를 걸었다. 그런데 전화를 받지 않더란다. 이상했다. 걱정이 되어 재차 확인을 하다가 결국 집에 찾아가게 됐다. 그리고는, 목숨을 끊은 가족을 발견했다.

어떤 이들에게는 삶과 죽음의 경계가 그렇게 전화 한 통이었다. 이 이야기를 떠올리면 아직도 눈물이 난다. 가슴이 미어진다. 왜 내가 그 가족을 살리지 못했을까 한탄스럽다. 사람 하나 구하지 못하면서 정치는 왜 하고 있는가, 내가 얼마나 뭘 잘했는가, 싶은 마음이 든다. 제도가 바뀌고 나라가 바뀌어야 하지만, 우선은 내 손 닿는 사람들부터 살려야 하지 않을까. 그렇게 살아야 하지 않을까.

그 이후 어려운 복지 대상자들은 두 번 세 번 확인하는 습관이 생겼다. 구청 직원들에게도 우리가 한 번 더 점검합시다, 라고 말하게 된다. 다시는 그런 가슴 미어지는 아픔은 겪고 싶지 않다는 것이 솔직한 심정이다.

한 명 한 명을 살리는 마음으로만 정치를 할 수는 없다는 것은 잘 안다. 제도를 만들어야 하고, 좋은 정책과 행정을 통해 구조적으로 사람을 살려야 하는 것이 맞다. 그래도 내 옆의 사람을 살릴 수만 있다면 일단 무엇이든 해야 하지 않겠나. 나는 어쩌면, 그런 마음으로 정치를 계속하고 있는 것 같다.

현대중공업 노동자들과 함께 삼보일배

삼보일배하며 땀에 흠뻑 젖은 뒷모습. 한 노동자가 고맙다며 사진찍어 보내주었다

조선산업발전을 위한 국회의원모임을 만들었다. 당시 노회찬 박지원 김경수 의원과 함께

조선산업발전 국회의원 모임에서 현대중공업 회장을 만나던 날. 노동자를 살려야 한다고 기업과 정부를 찾아다녔다

하청노동자를 살리자! 동구에서 전국 최초 하청노동자 지원조례를 만들 수 있었다

청년공유주택을 마련해 커뮤니티 공간을 열었다. 청년들에게 '행복'을 묻는 어른이 되고 싶다
©울산동구청

나는
일할 때
힘이 난다

구청장 마트 습격 사건

기습적으로 문 연 기업형 슈퍼마켓

◦ ◦ ◦

'구청장 마트 습격 사건' 2013년 한 언론 기사의 제목이다. 다시 보니 영화제목 같기도 하고, 내가 뭔가 대단한 일을 한 주인공 같기도 하다. 울산 동구에 기업형 슈퍼마켓이 기습적으로 들어설 때의 일이다.

2013년 2월, 동구 방어동에 홈플러스 익스프레스가 들어온다는 소문이 돌았다. 일단 담당 부서에 상황을 정확히 파악해 보라고 했다. 예정지 공사 현장에 나간 직원이 직접 물어봤는데, 개인이 고깃집을 준비하는 거란다. 홈플러스 본사에도 직접 확인을 했다. 입점 계획이 없다고 했다. 그래도 불안했다.

공사 현장을 직접 찾았는데, 합판으로 담을 쳐놔서 안을 들여다볼 수가 없었다. 마음 한편으로 석연치 않은 기분이 들었지만, 대기업이 설마 관공서를 상대로 거짓말을 하랴 싶었다.

그런데 얼마 지나지 않은 2월 25일, 홈플러스 익스프레스가 기습적으로 개점을 했다. 알고 보니 처음부터 2월 말 개점할 계획이었는데 구청에 거짓말을 한 것이었다. 당시 기업형 슈퍼마켓에 대한 사회적 공분이 크던 때였는데, 구청까지 속였다고 하니 너무하다는 원성이 자자해졌다.

지역 상인들이 대책위원회를 꾸려 반대 성명을 발표했지만, 한발 늦은 느낌을 지울 수 없었다. 상인분들은 구청이 사전에 이것도 파악하지 못했냐며 아쉬움을 토로했고, 장사가 어려워질 것이라는 걱정에 한숨이 태산이었다. 상인들의 생계 걱정을 앉아서 지켜볼 수는 없었다. 급히 기자회견을 열고 상인분들도 초청했다. 그리고 공식적으로 밝혔다.

"구청장으로서, 대기업의 골목상권 진출은 무조건 반대합니다. 이것은 상생이 아닙니다. 모든 수단과 방법을 동원해, 지역 중소 상인들의 생존권을 지키겠습니다."

구청이 뭘 할 수 있을까. 우선 홈플러스 본사에 구청의 의지를 보여줘야 했다. 내가 빈말로 기자회견을 한 것이 아님을 알려줘야 한다고 생각했다.

전격적으로 새로 연 홈플러스 익스프레스 점, 그리고 홈플러스 동구 일산점까지 위생 검사를 했다. 직원들과 직접 현장을 찾아 구체적으로 지시했다. "사소한 것 하나도 놓치지 말고 법 위반 사항을 꼼꼼히 다 찾아내라." 적발된 위반 사항에 대해서는 법에 따라 바로 경고장도 날리고 범칙금을 부과하라고 했다. 영업정지에 해당하는 사례가 있으면 주저 없이 영업정지 처분을 내리겠다고 말했다.

"사소한 것도 놓치지 말라" 위생 검사 지시하다

○ ○ ○

솔직히 위생 검사가 위협이 되면 얼마나 되었겠는가. 그렇지만 구청장이 위생 검사 현장에 직접 나서서 공무원들에게 현장에서 지시까지 하니 홈플러스도 사태를 진지하게 생각하지 않을 수 없었을 것이다.

누군가는 과한 것이 아니냐고도 했다. 그렇지만 지역 상권을 흔들면서 당당하게 사익 추구를 하는 대기업, 그것도 구청에 눈속임과 거짓말까지 하는 행동에 경종을 울려야 한다고 생각했다. 상생은 말로 설득한다고 저절로 되는 것이 아니지 않는가. 구청을 속여도 그뿐이라고, 잠시 모면하면 될 거라고 생각하는 대기업에 지역 주민의 힘을 보여줘야 한다고 생각했다.

당시 상인 대책위는 홈플러스 익스프레스 맞은 편에 농성

천막을 쳤다. 비서실장에게도 매일 천막을 찾아 상인대책위를 살펴보고 홈플러스 쪽 동향을 파악하라고 지시했다. 주민 여론도 갈수록 나빠졌다. 대기업이 해도 해도 너무한다는 것이다.

결국 압박을 못 이긴 홈플러스 사장단에서 면담 요청이 왔다. 나는 그 자리에서 대기업의 경영 윤리가 무엇이냐고 물었다. 골목상권까지 침범하는 것이 대기업의 권리가 맞느냐, 우리 지역의 시민사회와 정당, 노동단체, 구청까지 힘을 모아 지역 상권을 직접 지키겠다고 엄포를 놓았다. 기업형 슈퍼마켓을 여는 것이 법적으로 문제가 없다면, 우리도 합법적으로 위생 검사를 하고 위법 사항을 수시로 검열할 것이라고 경고했다. 그리고 설득했다. 상생이라는 것은 말 그대로 함께 잘살자는 것이다. 지금 주민들의 여론만 봐도 홈플러스가 어떻게 해야 하는지 알지 않겠느냐.

구청이 중재를 시작해 홈플러스와 상인대책위의 대화가 시작됐고, 기습적으로 문을 열었던 홈플러스 익스프레스는 결국 일 년 여 만에 철수하게 되었다. 지역 상인들이 어찌나 기뻐하시던지 참으로 다행이었다.

감정 섞인 행정? 맞다 행정에는 감정이 담겨야 한다

ㅇ ㅇ ㅇ

이때만큼 일개 지자체장이 언론의 주목을 받은 때도 흔치 않을 것이다. 한 경제지에서는 〈울산 동구청장의 홈플러스 습격 사건〉이라는 제목으로 사설을 썼고, 조선, 중앙, 동아 등 보수 언론지들도 앞다투어 기사를 썼다. 당시 한 언론사의 기사 제목은 〈울산 동구, 홈플러스에 '감정 섞인 행정' 논란〉이었다.

맞다. 행정에는 감정이 담겨야 한다. 나는 서민의 감정을, 중소기업의 감정을 행정에 담았다. 대기업의 편을 드는 정치인은 얼마나 많은가. 법적으로 문제없다며 당당하게 구는 대기업과 그들을 비호하는 법조인들, 그들 때문에 법 앞에서 눈물 흘려야 하는 서민과 중소상인이 얼마나 많은가. 그러니 우리가 그런 사람들의 감정을 행정에 담아야 하지 않겠는가.

골목까지 춤추게 하라

탈춤과 힙합

○ ○ ○

나는 어릴 때부터 흥겨운 춤가락을 좋아했다. 동네 어른들 앞에서 노랫가락을 뽑고, 대소사가 있으면 다 같이 춤추곤 했던 경험 덕분일까. 대학에 가서 탈춤반으로 향했던 것도, 노동자 문화운동을 한 것도 내 안에 우리 민족 춤 DNA가 살아있는 덕분이 아니었을까 생각해 본다.

대학 탈춤반에서 본격적으로 춤을 배웠다. "낙양동천 이화정!"을 외치며 허리를 꺾어 흔들고, 어깨춤을 추며 살짝 발을 들어 올려 부드럽게, 혹은 힘차게 내딛는 탈춤을 출 때면 몸속에 말 그대로 '신명'이 차오르고, '한을 풀어낸다'라는 느낌이

들고는 했다. 봉산탈춤으로 시작해 하회별신굿, 밀양백중놀이 등 다양한 춤을 배웠다.

얼마 전 구청에서 행사가 있을 때 탈춤 전문가들을 모신 적이 있다. 예전에 사용하던 탈을 다시 보니 반가웠다. 양반탈, 할미탈, 취발이탈, 사자탈 등등…. 탈 이름을 말하며 대표 동작을 얼쑤, 선보이니 주변에서 지켜보던 사람들이 "정말 탈춤반 하셨던 것 맞네요"라고 신기해했다. "제가 몸은 이렇게 배도 나오고 변했지만, 춤가락은 그대로입니다."

탈춤을 익히고 민속 공연도 올리고 문화운동을 하며 배운 것 중 하나는 우리 고유의 축제 문화였다. 단순히 기쁠 때 같이 즐기는 것이 아니라, 어려움을 극복하고 다 같이 어우러지기 위한 것이 축제였다.

탈춤을 추던 내가, 탈 대신 '힙합' 티셔츠를 입고 힙합 축제를 즐길 일이 생겼다. 올해 동구에서 청년들이 연 '대왕암 힙합 페스티벌' 덕분이다.

구청장 임기를 시작하면서 울산을 젊은 청년들의 도시로 만들고 싶어 여러 청년 사업을 기획하고 추진했다. 특히 문화예술에 공을 들였다. 일산해수욕장에 청년 광장을 만들고, 버스킹 존도 만들고, 그러다 청년들이 제안해 왔다. 이름도 붙여왔다. '대왕암 힙합 페스티벌'을 열고 싶다고.

'힙합 페스티벌? 여기 울산에서?'

의아하지 않았다면 거짓말이지만 청년들의 눈빛은 자신만만했다. 그래, 뭘 더 물어보겠는가? 김대중 전 대통령님이 일찌감치 이야기하신 적도 있지만 예술은 '지원하되 간섭하지 말라'는 것이 원칙 아니겠는가. 나도 문화예술인의 한 사람으로서, 힙합은 잘 모르지만 청년들의 예술 감성을 적극 밀어주기로 했다.

문제는 지원금이었다. 마음 같아서야 청년들에게 멋지게 "마음껏 하고 싶은 대로 해봅시다. 다 지원하겠습니다"라고 답하고 싶었지만, 울산 동구 재정을 아무리 짜내도 고작 5천만 원 예산이 최대였다. 무대 하나 쌓는 데만 몇천만 원은 들 텐데 이게 가능할까. 청년들에게 면구스러운 상황을 설명했지만 이들의 기세는 등등했다.

"이번엔 시작이니까 괜찮습니다. 곧 세계적인 페스티벌로 만들 겁니다. 우리가 몇억짜리 페스티벌 못지않게 만들어 내겠습니다."

그들의 자신감이 부럽기까지 했다. 마음보다 해줄 수 있는 게 부족하니 애를 더 써야 했다. 필요한 의상이나 행사용품은 축제 공연팀이 울산시 공업 축제에 퍼레이드 팀으로 참가하는 것으로 하면서 공업 축제에서 보장받을 수 있도록 하고, 무대 설치는 울산 과학대와 협력하도록 했다. 구청에서 할 수 있는 지원을 더 알아보고 연결해 주는 데 힘을 썼다.

골목까지 춤추게 하라

◦ ◦ ◦

젊은이들의 힙합 축제이지만 주민들이 구경꾼으로 남지는 않았으면 했다. 그래서 주민 참여를 획기적으로 늘렸다. 메인 공연, 퍼레이드를 주민들이 맡기로 했다. 힙합을 배워서 공연하기로 한 것이다. 8개 반을 꾸려 청년, 아이, 노인반도 만들었다. 선생님들에게 힙합 댄스를 4개월 동안 배웠다. 아쉬운 것은 예산도 부족하고 해서 이주노동자들 공연을 따로 만들지 못한 것이다. 자신들만의 민속악기나 민속춤으로 참여할 수 있었겠다는 생각이 드는데, 다음 축제에서는 꼭 시도해 보자고 할 생각이다.

그래도 힙합인데 과연 주민들이 다 같이 즐길 수 있을까? 썰렁한 축제가 되는 것은 아닌가? 싶었지만 기우였다. 11월 열린 동구 최초의 '대왕암 힙합 페스티벌'은 말 그대로 성황리에, 그리고 우리말로 '신명 난' 한판 축제의 장이 되었다.

개막식에서 흰 셔츠에 청년들이 그래피티로 써준 '힙'한 티셔츠를 입고 깃발을 흔들 기회가 생겼다. 흥이 차올랐다. 우리 주민들이 힙합 퍼레이드를 멋지게 해내는 걸 보니 내가 가르친 선생님도 아닌데 뿌듯했다. 화려한 복장이나 꾸밈새는 아니었지만, 그것이 오히려 요즘 말로 '힙한 것'이 아닌가 싶었다.

축제의 캐치프레이즈인 "골목까지 춤추게 하라"가 정말 현실이 됐다. 주민 퍼레이드 규모가 상당하다 보니 광장만이 아니라 일산 해수욕장 근처 상가들 골목골목 앞에서 공연을 했다. 사람들은 자연스럽게 상가를 이용하며 축제를 구경했고, 상가 매출도 껑충 뛰었다. 그날 한 육회 집 사장님은 "제가 울산에서 가게 하면서 웨이팅이라는 걸 처음 해봅니다"라고 했다. 실제 주변 상가 카드 매출을 조사해 보니, 어지간한 울산 축제보다도 매출액이 높았다고 한다.

공연한 주민과 가족들은 특히 대만족이었다. 힙합 춤을 배우고 공연까지 한 어르신들은 더 좋아하셨다. 내 인생에 언제 이런 경험을 다 해보겠냐며 정말 고맙다고들 하셨다. 벌써 내년 축제에 어떻게 신청하냐는 문의가 쇄도한다고 한다.

10만 명씩 오는 세계적인 축제와 규모를 비교할 수는 없겠지만 참가자들의 만족도, 행복한 기운이 넘쳐나기로는 그 어떤 축제와도 비교해도 꿀리지 않을 정도였다고 자신한다. 그날 주민들의 한 말 중 가장 가슴에 남는 것은 이 말이었다.

"그동안 울산이 좀 우울해 보였는데, 이렇게 축제 한판 하니 털어버린 것 같고 기분이 좋네요."

나도 그랬다. 조선업의 불황과 구조조정으로 흐릿했던 동구에서 10년 동안 움츠러들었던 어깨를 시원하게 펴고 청년들과 신나게 한번 놀아 재낀 기분이었다.

‘회’ 운동회

◦ ◦ ◦

이런 축제의 매력을 한 번 더 발견한 경험이 있었다. 바로 ‘방어진 회 축제’다. 울산 동구 ‘방어진’은 말 그대로 방어가 많이 나는 지역이라서 이름이 그렇게 붙여졌다. 예전엔 별것 아니던 방어, 그렇지만 전국적으로 방어 인기가 올라가며 고급 생선회가 되었고 방어진 역시 재개발과 인프라 구축 사업이 들어가 방어진 활어회 센터가 만들어졌다.

그런데 재개발의 그림자가 늘 그렇듯, 기존 횟집 골목의 상인들에게는 방어진 재개발 사업이 좋기만 한 것은 아니었다. 바로 옆 일산과 슬도 회센터에 비해 방어진에는 바다 조망이 멋지지 않았고, 또 회를 직접 떠서 먹을 수 있는 ‘초장집’이 없었다. 그러다 보니 상권이 약해졌고, 예전부터 알음알음 찾던 손님들 말고 외지 손님들의 유입이 쉽지 않았다.

그렇지만 여기서 일하시는 분들은 새로 무언가를 시도하기엔 어려웠다. 횟집 골목 시절부터 평생 횟감을 팔며 인생을 꾸렸고 이제 나이도 70대를 훌쩍 넘긴 분들. 새롭게 다른 장사를 하기도, 이 터전을 바꾸기도 힘든 분들이었다. 방어진에 갈 때면 무엇보다도 이 상인분들의 침체한 표정을 밝혀드리고 싶었다. 이분들이 울산의 원조 ‘회’를 지켜오신 분들이기도 하니까 말이다.

그렇게 방어진 회 축제를 기획하게 됐다. 요즘은 또 '로컬축제'가 유행이 아니겠는가. 여기 전통 횟집들만의 분위기를 살려보기로 했다. 처음엔 '방어 축제'로 할지 고민 안해 본 것은 아니지만, 방어 제철은 한 겨울이니 일반 회 축제를 열기로 했다.

축제 규모는 작고, 또 기대효과도 크지는 않다. 대신 축제 준비 과정 자체를 상인들과 함께하기로 했다. 횟집, 건어물집, 주변 카페 및 식당 등 상인들이 직접 기획하면서 자생력 있게 이어가는 축제가 되길 바랐다. 구청에서는 수산물 상생 할인 지원사업과 연계해, 축제 행사장에서 구매한 금액의 일부를 온누리상품권으로 돌려주는 이벤트도 열었다.

올해 축제를 하면서 상인들은 다 같이 '회 운동회'를 열었다. 점심은 회덮밥으로 먹고, 여기 광어회는 몇kg일까, 이런 걸 맞추면서 놀았다고 한다. 평생을 횟감 손질하며 살아오셨을 분들이 그날만큼은 편하게 회 먹어가면서 하하호호 즐기는 운동회라니, 생각만 해도 얼마나 풍요로운지 모른다. 이렇게 방어진에는 상인들이 직접 준비하고 여는 '방어진 회 축제'가 자리 잡았다. 자랑스럽다.

기쁨과 용기를 나누는 축제

◦ ◦ ◦

요즘 지자체는 '축제' 붐이다. 특색있는 축제를 하나 열면 관광객이 몰려들고, 지역 경제에도 큰 도움이 된다고 한다. 그런 축제도 좋지만, 나는 우리 울산 동구에서 경험한 주민들의 축제가 자랑스럽다. 나에게 없던 기쁨을 우리에게서 찾는 것, 나와 같은 어려움을 겪은 이들이 서로에게 용기를 주는 것. 이런 축제라니 너무 좋지 않은가.

어려움을 나누고 힘을 내는 축제를 더 많이 만들고 싶다. 구조조정의 한파를 씻고, 청년들에게는 새로운 희망을 주고, 살아온 삶을 위로해 주는 축제. '같이 버티기 위해' '회복할 힘을 내기 위해' 즐기는 축제. 소리를 지르고 몸을 움직이고 땀을 흘리는 것은 실제 삶의 스트레스 해소에도 많은 도움을 준다고 하지 않나. 주민, 청년, 지역 상인들의 환한 웃음을 보며 축제를 즐기던 순간만큼은 나도 탈을 쓰고 땀 흠뻑 흘리면서도 마냥 웃을 수 있었던 탈춤 추는 시절로 돌아간 기분이었다.

스쿼시와의 인연

컬링이야 스쿼시야

◦ ◦ ◦

2005년, 민주노동당 울산시의원을 하던 때다. 한 친구가 울산시 스쿼시연맹을 만들려고 하니 네가 회장을 맡아달라고 찾아왔다. 시의원이 같이하면 도움이 되겠다고 생각했던 것 같다. 어려우니까 좀 도와달라는데 모른 척하기도 뭐하고, 체육이야 워낙 좋아하니 알겠다고, 해보겠다고 했다. 그런데 내가 회장 맡는 것도 모자라 단체 이사도 모아야 한단다. 그래서 주변 사람들한테 이사 맡아달라고 여기저기 연락했다.

"그런데 스쿼시가 뭔 줄은 아나."

"이렇게 이렇게 하는 거 아닌가?"

"아니다. 땅바닥에 미는 거 아니고 벽에 치는 거라고."

손으로 동작을 보여주니 박장대소한다. 그건 컬링이란다. 허허, 이게 스쿼시가 아니었구나. 그렇게 스쿼시가 뭔지도 모른 채 스쿼시와의 인연이 시작됐다. 사방이 벽으로 둘러싸인 공간에서 쉴 새 없이 공을 쳐 내야 하는 운동, 전력 질주를 하듯이 땀을 흠뻑 흘리는 스포츠였다.

지금이야 스쿼시가 젊은 사람들의 멋진 스포츠로 여겨지기도 하지만 그때만 해도 스쿼시를 모르는 사람도 많고, 환경이 열악했다. 울산은 더했다. 선수들조차 스쿼시를 연습할 만한 구장이 부족했다. 달동 울산 스쿼시라고 가장 큰 구장이 있었는데, 주인이 퇴근해야 선수들이 마음껏 편하게 연습할 수 있단다. 구장이 동네 슈퍼 옆에 있었는데 선수들이 슈퍼에서 라면을 사 먹으며 밤 12시까지 기다렸다가 체육관으로 들어가서 그제야 연습하곤 했다고.

회장을 맡고 나니 이런 점이 눈에 밟히기 시작했다. 우선 스쿼시 구장을 늘리는 데 힘을 보탰다. 어디 체육관이 새로 지어진다는 소식만 들리면 대뜸 찾아가서 "여기 스쿼시 구장 하나 넣읍시다"라고 제안하는 게 일이었다. 상대방들은 "스쿼시요?"라고 의아해하고는 했다.

스쿼시에 대한 진심

◦ ◦ ◦

그때 같이 다닌 사람, 내가 참 좋아하고 훌륭하다고 생각하는 분이 나와 번갈아 가며 스쿼시연맹 회장을 맡아오신 이정수 회장님이다. 정작 나를 소개해 준 친구는 스쿼시를 떠났고 이정수 회장님과의 연이 두터워졌다. 이정수 회장님은 수학을 가르치는 학원 선생님이자 원장님이었는데, 스쿼시를 치기 시작했다가 스쿼시 환경이 너무 열악해 도와주기 시작했다. 그러다 덜컥 없어질 뻔한 스쿼시 구장을 인수하게 되고, 구장 운영을 위해 큰 학원을 팔고 옮기면서까지 뒷바라지하셨다. 주말에는 수학 강의를 하고, 평일에는 구장 운영을 하셨다고.

정치적 성향도 나와는 달랐다. 울산시 체육회와의 관계를 생각하면 나 같은 사람이 계속 연맹을 맡는 것이 부담스러울 때도 있으셨을 텐데, 스쿼시에 대한 진심 하나로 나와의 인연을 이어 가주셨다. 내가 구청장 선거에 나갔다가 떨어졌을 때 다시 회장을 맡아달라고 하시기도 했다. 내가 더 이상 힘이 없는데 내가 해서 뭔 도움이 되겠냐, 스쿼시 발전을 위해서는 다른 사람이 좀 하시는 게 좋지 않겠냐, 하니까 "이거라도 해야죠, 그래야 우리 얼굴이라도 보죠, 이것도 인연 아닙니까"라고 말해주셨다. 그렇게 인연을 소중히 해주신 분이었다. 이런 분들이 울산 스쿼시를 키워가고 있었다.

이정수 회장님이랑 같이 찾아다니면서 스쿼시 구장을 여기저기 늘렸다. 나야 정치인으로서 의견 내고 이런 것이었지만, 이정수 회장님은 한 구청 체육센터에는 30번도 넘게 찾아간 적도 있었다고 한다. 찾아가서 혼자 믹스커피 타 마시면서 앉아 있고 직원들이 "인제 그만 좀 오세요"라고 하면 "구장 생기니까 그만 와도 된다는 소린지, 아니면 안 되니까 오지 말라는 건지 이야기해 주십시오"라면서 또 갔다고 한다. 역시 체육관에 구장 넣어달라고 부탁하려는데 한 구청장님이 하도 안 만나주니까, 그 구청장이 다니는 헬스장에 가서 러닝머신 옆에서 종이 들고 브리핑도 하셨다고 했다. 이렇게 열정적인 분들이 울산 스쿼시를 발전시켰다. 울산에는 이제 다른 지역에서 부러워할 만큼 스쿼시 구장이 많이 생겼다.

다른 지역에서 선수를 사 온다고?

○ ○ ○

스쿼시연맹을 창립하고 전국체전을 준비했다. 그런데 "이제 좀 잘하는 선수를 데려와서 체전에서 성적 좀 내야 하지 않겠나"라는 제안을 받았다. 놀라운 소식이었다. 선수를 사 온다니? 알고 보니 이렇게 비 인기종목의 경우 체전에 나갈 대표선수들을 대회 전에 계약해 선발하는 경우가 많다고 했다. 잘하는 선수들이 주소지를 옮겨가면서 올해는 충청북도, 내년엔 경기도 이렇게 대표선수가 되기도 한다는 거다. 3개월 전에만 주소가 등록되면 된다던가, 하는 규칙이 있다고 한다.

나는 듣자마자 이건 아니라고 생각했다. 울산에서 스쿼시를 가장 잘하면 울산 대표 선수가 되어야 하는 것 아닌가? 운동하는 아이들이 서울이나 경기도에서 온 선수가 지역 대표를 하는 걸 보면 무슨 의욕이 생기겠는가? 있던 의욕도 떨어지지 않겠나. 전국체전 성적 때문이라는데, 성적이 중요해 봐야 그 선수들 인생보다 소중할까. 이렇게 해서 전국체전 성적이 오르면 계속 선수를 사 올 건가? 지역 바꿔가며 대표로 뛰는 선수들은 괜찮은 걸까?

나는 물론, 이정수 회장님을 비롯한 당시 스쿼시연맹을 꾸리던 사람들도 같은 마음이었다. 그래서 그런 제안은 싹 거절했다. 처음에야 선수층도 얇고 성적이 안 좋을 수밖에 없었지만, 우리는 울산 출신 위주로 팀을 꾸리기로 했다.

이렇게 몇 년 지나고 나니 울산은 선수 선순환구조가 생겼다. 이제 울산에서 스쿼시를 열심히 하면 울산 대표가 되고, 국가대표도 된다. 그 꿈을 따라 초등학생들이 스쿼시를 시작하며 꿈을 키운다.

“우리 애 선수 하는 것 좀 말려주세요”

○ ○ ○

사실 스쿼시 종목의 더 큰 문제는 선수들의 미래였다. 우리나라 체육이 다 그렇지 않은가. 선수들이 운동만 하다 보면 삶의 선택지가, 미래의 가능성이 너무나 부족해진다. 바늘구멍만 바라보며 몸을 혹독하게 굴리게 되는 것이다.

울산에서도 부모들이 코치나 감독에게 찾아와 “우리 애 선수 하는 것 좀 말려달라”고 할 정도였다. 현대자동차 2차 밴드, 3차 밴드에 취직만 하면 월급 잘 받고 잘 살 수 있는데 굳이 왜 운동을 시키겠냐는 것이다. 그러니 스쿼시처럼 비인기종목은 오죽했겠나. 선수로 먹고 산다는 보장도 없고, 강사로 먹고 살기엔 일자리가 부족하고, 그나마 거의 다 비정규직이었다.

한마디로 인프라 구축, 선순환 생태계가 필요했다. 스쿼시를 즐기는 인구를 늘리고, 강사 등의 일자리도 만들고, 강사직의 정규직 비율도 늘려야 했다. 그리고 무엇보다 실업팀이 필요했다.

실업팀은 울산시 차원으로 결정해야 했다. 많은 사람이 뛰어다녔다. 나도 있는 인맥 없는 인맥 다 동원해서 여기저기 실업팀이 왜 필요한지 설명하고 설득했다. 당시 시장님과 담판 아닌 담판도 해야 했다. 왜 이렇게까지 실업팀을 만드는 데 애쓰냐고 누가 물어봤었다. 사실 나의 주력 활동 분야도 아니고,

내가 공약을 한 것도 아니고, 내 깜냥에서 하기 쉬운 일도 아니었다. 그렇다고 내가 스쿼시에 푹 빠진 것도 아니다. 여러 번 쳐봤지만, 몸도 안 따라주고 잘하지도 못했다. 스쿼시연맹 사람들과 체육대회를 할 때면 나는 열심히 공을 찼고, 사람들이 "회장님은 역시 축구네요"라고 놀릴 정도였다.

그런데 점점 마음이 커졌다. 이정수 회장님 같이 스쿼시를 지키고 키우는 어른들, 땀 흘리며 하루 종일 공을 벽에 치고 있는 선수들, 이 사람들의 삶에 나도 어느새 들어가 있었다.

운동선수, 실패해도 괜찮은 사회

○ ○ ○

나도 운동을 좋아하고, 어릴 때 대표선수급은 아니었지만, 학교 육상선수도 해봤다. 그러다 보니 선수들의 그런 상황이 더 마음이 쓰였다. 계속 운동하면서 살 수 있도록 만들어주거나, 운동을 그만둬도 어떻게 살 수 있는지 마련해줘야 했다.

우리나라의 엘리트 체육은 좀 거칠게 말하자면 선수들을 쓰다가 버리는 구조다. 잘할 때는 박수를 치고 올림픽 메달에 환호하지만, 그 뒤의 수많은 선수, 그리고 선수 이후의 삶에 대해서는 조명하지 않는다.

운동을 해 온 선수들이 건강하게 사회생활을 할 수 있도록 하는 것이 정치와 행정의 책무라는 것을 이때 많이 절감했다. 그들이 선수 생활 이후의 삶을 어떻게 살아야 할지, 치킨집을 차릴지 빵집을 차릴지, 개인적으로 선택하면 된다고 치부해서는 안 되지 않는가.

엘리트 체육이든, 생활체육이든 마찬가지다. 결국 그 안에 존재하는 선수들, 지도자들, 그와 함께하는 사람들의 삶이 존재할 수 있도록 구조를 만들어줘야 한다.

정치가 스포츠를 흔들면, 선수는 인생이 흔들린다

○ ○ ○

2022년, 내가 스쿼시연맹을 시작한 지 17년 만에 드디어 울산 실업팀이 생겼다. 이 팀 하나 만들기 위해 정말 많은 사람이 애썼다. 참 다행이었고 기쁜 일이었다. 이제 울산 스쿼시는 좋은 구장도 많이 가졌고, 선수 순환구조도 생겼다. 울산 스쿼시 인프라를 다른 시도 체육 선수들이 부러워한다고 한다. 뿌듯한 일이다.

물론 곱지 않은 시선으로 보는 사람들도 있다. 소위 '스쿼시는 김종훈이 자기 사람들 챙기는 것 아니냐?'라는 것이다. 정치인이 보통 체육회를 자기 인맥으로 활용하니 그렇게 삐딱하게 바라볼 수도 있겠지만, 그럴 땐 '아닙니다'라는 말 대신, "정치 말고 이 선수들 삶을 봐달라"고 말하고 싶다.

정치가 스포츠를 흔들 때마다 선수들은 인생이 흔들린다고 한다. 이정수 회장님이 "위에서 진도 1로 흔들면 아이들은 진도 7로 흔들리는 거나 마찬가집니다"라고 말해준 적이 있다. 스포츠 정책이 바뀌면서 팀 하나가 없어지거나 예산이 줄어들면, 선수들은 직업을 비롯한 모든 것이 바뀌고 인생이 바뀐다. 이 선수들 인생을 생각하면 정치인들이 자신들 이익이나 잣대로 스포츠를 이용하고, 흔드는 일만큼은 없어야 하지 않겠나.

"스쿼시 안 좋아해요"

○ ○ ○

스쿼시연맹 회장을 시작할 때 처음 만난 고등학교 선수가 있다. 울주 언양고등학교 출신으로 학교에서 배드민턴을 치다가 코치 눈에 들어 스쿼시로 발탁돼 선수 생활을 시작했다. 다른 선수들보다 늦게 시작해 연습량을 늘려야 한다며 늘 배로 연습하던 친구다.

운동선수들이 다 그렇지만, 나와도 많은 대화를 하거나 스스럼없이 만나는 사이는 아니다. 그렇지만 중요한 행사 때 오며 가며 얼굴을 본 게 벌써 십여 년이 훌쩍 지났으니, 이제 친하지 않아도 친근한 사이가 됐다. 그 사이 이 선수는 30대 초

반이 되었고, 국가대표도 하고, 전국 우승도 했다. 시간을 내어 유소년들을 가르치는 봉사도 하고 있는, 너무 성실하고 훌륭한 선수다.

이 선수에게 누가 물었단다. "스쿼시는 왜 좋아해요?" 그러니까 이 선수의 답이 현답이다 "안 좋아하는데요." 단지 좋아서 하는 것이 아니라 이 선수의 생활이고, 직업이고, 인생인 셈이다.

이 선수가 울산에 실업팀이 생겨서 계속 선수 할 수 있어서 좋다고, 울산에 스쿼시 구장이 많이 생기면서 떠났던 친구들이 다시 돌아와서 스쿼시 강사도 하고 있어 좋다고 말해주었다. 자기는 메달을 따고 1등을 하고 이런 것보다도, 이런 든든한 마음이 들 때 선수로서의 만족감이 더 크다고도 이야기해 주었다. 2028 올림픽에 스쿼시 종목이 처음 채택되는데, 메달 따겠다는 욕심보다도 스쿼시 인기가 올라가서 즐기는 사람이 늘어나면 저변이 더 탄탄해지는 것을 기대한다고 말한다. 앞으로 40살까지도 선수를 하고 싶다고, 은퇴하면 저도 지도자가 되지 않을까요? 라고 말하는 선수.

이렇게 한 선수, 한 사람의 삶을 설계하는데 든든한 안전망이 되어주는 것. 그 사람의 삶을 행복하게 만들어 주는데 정치인으로, 행정가로 역할을 할 수 있다면 이것이야말로 참 좋은 일이 아닌가, 내가 해야 하는 일이 아닌가 생각한다.

나는 축구가 좋다

공은 둥글고 색깔이 없지만

○ ○ ○

정치인, 후보들은 잘 알겠지만 선거 때 특히 공들여 인사하는 곳이 바로 체육회다. 동네 터줏대감들이라고 해야 할까. 동네에 오래 살거나 인맥이 많은 분들, 그만큼 자기가 사는 곳에 애착이 강하고 삶을 열심히 꾸리시는 분들이 동네에서 운동하시는 분들이기 때문이다.

나도 체육회 인사를 열심히 다녔지만 제사보다 젯밥이라고 체육 그 자체에 더 관심이 많았다. 축구는 특히 좋아했다. 대학 시절에는 축구 동아리를 만들기도 했다. 그래서 주말 아침마다 조기축구회에 인사 갈 때면 직접 선수로 뛰었다. 좋아하는 축구를 정치인이라는 핑계 삼아 주말마다 할 수 있으니 얼마나 좋았겠는가. 동네 축구답게 형님들은 '천 원 내기'를 하기도 했는데, "저는 정치인이라 내기는 안 되겠네요"라고 답하면서도 꼭 이기고 싶어 얼굴 시뻘게질 때까지 뛰어다니고는 했다. 스포츠가 또 그렇게 승부 보는 맛이 있어야 더 재밌지 않은가.

공은 둥글고 색깔이 없으니, 축구회에는 진보적인 사람, 보수적인 사람, 정치적 성향이 없는 사람들이 다 모여있다. 선거 때 인사 갔다가 썰렁해지는 경우도 있고, 반대로 열렬한 응원을 받을 때도 있다. 그래서 내가 한 시간이고 두 시간이고 공을 차고 있으면, 소위 '표'에는 별로 도움 안 되는 일 한다고 생각하는 사람들도 있었다.

그런데 사람과 사람 사이가 그렇게 계산적으로 어디 되던가. 나는 흔히 이야기하는 진보니 보수니, 우리 편이니 아니니, 그런 생각을 안 가지려고 노력하는 편이다. 솔직히 진보정당의 정치인으로 편 가르기를 당한다면 당하는 처지지만, 나라도 그런 계산을 안 하려고 노력한다. 사람에 대한 선입견을 가지지 않아야 한다고, 사람은 다 다양한 생각을 가지고 있고, 또 그게 다 변하기도 한다고. 그것이 사람들과 지내면서 터득한 나만의 인간관계에 대한 믿음이기도 하다.

내가 공을 많이 차던 한 조기축구회에는 현대중공업에 다니다 퇴직하신, 평생 '현대' 쪽 편을 드시던 형님이 한분 있었다.

회사가 노동조합 탄압할 때 행동대장 격으로 나오시는 분이라고 했다. 어찌나 현대를 철석같이 믿고 따르셨는지 축구를 좋아하던 정몽준과도 종종 공을 차는 사이라고 했다.

그런데 이 형님이 내가 국회의원 선거 나왔을 때, "나는 김종훈을 돕겠다"라고 선언해서 주변 사람들이 더 놀라는 일이 있었다. 이유는 단순했다. "다른 사람들은 선거 때나 와서 인사를 하는데, 김종훈이는 매주 공 차러 오더라. 진짜 축구인이더라"라는 것이다.

물론 그분의 마음이 어디 축구만으로 변했겠느냐 싶지마는, 공을 차며 부딪힌 시간만큼 그분과 가까워진 것이 아닐까 싶다. 지금도 종종 "그때 공 같이 찼어요"라며 반갑게 인사하는 주민들을 만난다. 그냥 인사만 한 것보다 그 사람과의 인연이 더 깊어진 셈이다. 나로서야 공을 차며 즐기고, 건강도 챙기고, 사람의 마음도 얻었으니, 참 좋은 일이었다. 그만큼 사람이 사람의 마음을 얻는다는 것은 참 쉬운 것 같기도 하고, 어려운 것 같기도 하다.

지금은 무릎이 약해져서 축구는 힘들고 족구 쪽으로 종목을 전환했지만, 그때 주말마다 지역 주민들과 공차며 흘리던 땀은 상쾌했다. 좀 과장하면 정몽준 회장과 축구하던 사람이 결국은 내 편이 되었으니, 정몽준을 축구로 이긴 셈 쳐도 되지 않겠는가. 정치 인생에는 이런 재미도 있다.

700만원짜리 자전거를 타고 산에 오르다

◦ ◦ ◦

처음 구청장 하던 때 동구에서 산악자전거 대회가 열린 적이 있다. 요청이 들어와 코스를 정하려 하는데 어떤 코스가 좋겠는지 회의하다가 그래 그럴 거면 우리가 한번 직접 돌아봅시다, 하고 직접 자전거 타고 나선 적이 있다. 자전거야 자신 있었지만, 산에서 타는 건 자전거 바퀴부터 다르단다. 산악회에서는 내가 직접 타보겠다고 나서니 내심 좋아하는 눈치였다. 사무국장님은 한때 노동운동도 하셨던 분이라더니 자전거를 선뜻 빌려주셨다.

추천할 만한 코스를 둘러보며 자전거를 타기 시작했는데 사무국장님이 연신 "청장님 조심하세요~"라고 나를 챙겨줬다. 당시에는 나를 참 걱정하는구나, 내 자전거 실력이 못 미더운가, 싶었는데 나중에 들어보니 그 자전거가 700만 원짜리, 그것도 새로 산 자전거였단다. 그런 자전거를 나처럼 덩치도 큰 사람이 처음 타본다며 마구 굴리고 있었을 테니 얼마나 조마조마했겠는가. 선뜻 내어줘 놓고는 내가 불편할까 봐 말은 못 하고 조심하라고만 말을 건넨 것이다. 친해진 다음 술자리에서 웃으며 이야기를 꺼내서 알게 됐다. 그만큼 자전거를 아끼는 분들이었다.

코스를 정한 뒤에 동구에서 전국 산악자전거 대회가 열렸다. 그런데 대회 전날 비가 와서 땅이 질퍽질퍽했다. 대회는 그래도 무탈하게 치렀는데 대회 끝나고 이분들이 걱정하는 걸 들었다. 전국에서 모인 사람들이 이제 자전거를 다시 들고 가야 하는데, 자전거 바퀴에 달라붙은 흙이 다 굳어버리면 씻는 게 고역이란다. 그러면 흙이 말라붙기 전에 씻어내면 되지 않겠나 싶어 구청에 알아봤더니 나무에 물을 줄 때 쓰는 물 공급 차가 있었다. 얼른 가져와서 자전거를 씻어주자고 했다. 물줄기에 씻겨나가는 자전거를 보며 사람들이 좋아하는 것을 보니 내가 더 기분이 좋았다. 물론 그땐 그렇게 귀하고 비싼 자전거인 줄 몰랐지만 말이다.

이런 인연으로 산악회 사람들하고도 친해졌다. 사람들한테 제가 자전거로 산을 다녀보니 풍경이 정말 멋지던데 밤에 자전거를 어디서 타면 멋있습니까, 물어보니 아니나 다를까, 야경 보며 자전거 타는 명당도 있단다. 그 코스를 마치면 야밤에 막걸리로 뒤풀이도 한다고 했다.

산악자전거 임원들과 밤에도 자전거를 타고 뒤풀이도 하고, 그렇게 친해지며 형님 동생 하는 사이가 됐다. 임원중의 한 분, 회장님도 하셨던 분은 다른 당의 모 정치인과 같은 집안사람이었다. 친척이기도 하고 산악회 회장이기도 하니 도와달라고 부탁했지만, 이 핑계 저 핑계 대며 슬쩍 피하셨다고 한다. 그 회장님은 본인 환갑잔치에 가족들이 모이는 자리에 나를 선뜻 초대했다. 자기 인생에 중요한 자리인데 꼭 와줬으면 좋겠다고 초대하는 그 마음이 고맙고 또 고마웠다.

그분이 나중에 다른 사람들에게 "나는 김종훈을 회장과 구청장으로 만났는데, 이제는 형님과 동생이 됐다. 어떤 정치인은 형님, 동생 지내다가도 구청장 되니까 이제 청장님이라고 부르라고 하던데, 오히려 거꾸로 가는 그런 김종훈이 참 좋다"라고 하셨다고 한다. 운동을 좋아하는 사람들은 이렇게 참 순수하다. 내가 주민들과 같이 땀 흘려 운동하는 걸 좋아하는 이유이자, 주민 생활체육시설을 아낌없이 만들고 싶어 하는 이유다.

장애인 역도팀을 창단하다

○ ○ ○

구청장 시절 내가 특별히 공들인 일 중 하나는 동구청 장애인 역도팀 창단이었다. 울산에 장애인 체육 실업팀이 몇 없던 때였다. 구 군별로 한 종목씩 맡아 하면 어떻겠느냐는 제안이 있어 동구가 제안받은 장애인 역도팀이 있는 학교를 방문했다. 선수들이 열심히 하는 모습을 보며 감동도 받았고 이 친구들이 계속 꿈꿀 수 있도록 돕고 싶었다. 당시 울산에는 전국 장애인 체육대회에서 여러 번 금메달을 딸 만큼 잘하는 선수도 많았다.

동구청 직속 장애인 역도팀을 만들자고 하니, 가뜩이나 구

재정 형편도 어려운데 꼭 만들어야겠냐며 반대하는 사람들도 적지 않았다. 그래도 어떤 스포츠팀보다도 선수와 가족에게 꿈과 희망을 주는 일이 될 것이라고 꾸준히 설득했고, 의회도 공감해 2014년 장애인 역도팀을 창단하게 됐다.

장애인 역도팀이 창단하는 날 선수들도 좋아했지만, 특히 부모님들이 너무 좋아하셨다. 울컥하는 분, 눈물을 닦는 분도 보였다. 울고 웃으며 창단식을 하고 기념사진을 찍는데 내 왼편에서 있던 선수가 불쑥 말을 꺼낸다. “우리 집에 막창 드시러 오세요. 우리 집 맛있어요.” 다들 웃음 터뜨리며 사진을 찍었다.

알고 보니 부모님이 정말 막창집을 하고 계셨다. 어머니께선 아들이 집에 오라고 하는 건 큰 감사의 표현이라며, 꼭 한번 들르라고 하셨다. 이후에 종종 가서 밥도 먹고, 술도 한 잔씩 했다. 서비스로 옥수수가 나왔길래 아내가 좋아하는 거라고 했더니, 한 봉지 가득 챙겨주셨던 기억도 있다.

구청장 이후에 국회의원이 되고 나서도 종종 기회가 되면 장애인 역도팀을 찾아 인사를 했다. 계속 만나니 선수들과도 친근해졌다. 한번은 명절 때 인사차 방문했는데, 창단식 때 막창집으로 나를 초대했던 그 친구가 여전히 선수 생활 중이었다. 웃으며 “내 너희 집 몇 번 갔대이”라고 인사했더니 “또 막창 드시러 오세요” 한다. “월급날은 언제고. 그때 한턱 안 쏘나” 했더니 “막창 드시러 오세요”라며 딴청을 피우길래 한바탕

웃었다.

선수들 연봉이 비장애인에 비하면 많지는 않다. 그래도 이들에게는 스스로 월급을 받을 수 있다는 것이 큰 희망이라고 한다. 사회 구성원으로서의 한 자리를 차지하고 있다는 상징 같은 것일 테다. 부모님들이 특히 이 팀에 고마워하는 이유도 거기에 있었다. "나의 아이가 사회에서 필요한 존재가 되었구나"라는 사실에서 오는 안도감이라고 한다. 감독님, 코치님들도 가족에게 더 좋은 일이라며 기뻐하시고는 했다.

동구청 장애인 역도팀은 성적이 좋기로도 유명하다. 선수들이 흘린 땀의 대가를 보상받는 것 같아 성적이 좋을 때도 당연히 기쁘지만, 선수들이 웃으며 훈련하는 모습을 볼 때 가장 뿌듯하다.

국회의원이던 시절 동구에서 전국 장애인 역도대회도 열렸다. 인사청문회도 있고 국회 일정이 많아 참석이 정말 어려웠지만, 아침에 서울에서 첫 비행기 타고 내려와 행사에 참석하고 다시 서울로 올라갔다. 그만큼 꼭 참석하고 싶었다. 그때 감사패를 받았는데, 정말 잊지 못할 선물이 되었다. 장애인의 삶을 위해 노력하는 행정이 되었다는 뿌듯함으로 남아있다.

구청에서부터 좋은 일자리를

14시간과 15시간의 차이

○ ○ ○

얼마 전 대학생들의 '알바 캘린더'를 본 적이 있다. 요즘 애들은 이렇게 일한대요, 라고 직원이 보여줬는데, 처음엔 보고 이해하기 힘들었다. 달력 날짜에, 일하러 가는 곳이 촘촘히 기록되어 있었다. 월수금은 A 카페에서 4시간, 화목은 B 카페에서 5시간, 금·토·일은 C 카페에서 4시간과 4시간 30분 등등.

전형적인 쪼개기 알바, 쪼개기 고용이다. 한 카페에서 15시간 이상을 고용하면, 주휴수당도 챙겨줘야 하고 4대 보험료도 내줘야 하니 전부 14시간씩, 14시간 30분씩 고용하는 것이다. 이렇게 일하면 한 달 내내 일해도 최저임금을 못 받는다. 청년들의 이야기는 더 절절했다.

"15시간이라고 해서 좋아하며 면접 보러 갔더니 30분은 쉬는 시간이었어요."

"카페마다 음료 메뉴도 다 달라서, 일하는 게 더 어렵죠."

"4대 보험까지 바라는 건 아니지만, 월급이 너무 적어요. 저 세 군데에서 일하는 데 백만 원 조금 넘게 받아요. 오며 가며 움직이는 시간이 더 들어요."

쪼개기 알바, 쪼개기 고용 없앨 수 있다면

◦ ◦ ◦

나쁜 일자리는 그 사회의 약자에게 향한다. 사회 초년생인 청년, 장애인 일자리, 노인 일자리들이 그렇다. 주휴수당, 퇴직금, 연차휴가, 4대 보험 등은 노동자에 대한 혜택이 아니라 최소한의 사회적 안전망이다. 전국 초단시간 노동자가 2024년 기준 약 174만 명이라고 하니, 그만큼 안전망 밖의 노동자들이 많은 셈이다.

정부와 지자체도 관행처럼 쪼개기 고용을 하고 있다. 전국 지자체에서 일하는 초단시간 노동자가 3만 명에 달한다고 한다. 물론 단시간 고용이 필요한 일자리도 있다. 그러나 늘 필요한 일, 상시로 업무를 지속하는 자리인데도 예산 조금 아끼겠다고 15시간이 아니라 14시간씩 고용하는 것은 너무하지 않은가. 특히 가장 모범 사용자가 되어야 할 정부가 그래선 안 된다.

전국 최초, 초단시간 노동 없는 구청으로

○ ○ ○

울산 동구에서부터 바꿔보자고 마음먹었다. 구청의 고용 현황을 조사하고, 어떤 일자리인지 성격을 따져보고, 전환할 때 필요 재정을 계산하고, 어느 부처와 협의해야 하는지 협의가 가능하겠는지 파악했다. 따져보니 이 정도면 할 수 있겠다 싶었다. 2023년부터 장애인 일자리와 도서관 사서 도우미 등 54명의 고용을 전환하기로 했다. 노동자들에게 '최소 생활을 위한 노동시간을 보장해 주자'는 취지로 '최소생활노동시간보장제'라는 타이틀도 붙였다. 그렇게 전국 최초로 초단시간 노동 없는 구청을 시작할 수 있었다.

화정동 주민센터에서 청소일을 하시던 장애인 분이 계셨다. 원래도 일하는 시간보다 일찍 나오고 구석구석 깨끗하게 청소하는 분이었다. 이분이 최소생활노동시간보장제 적용 대상이 되셨다. 어찌나 성실한 분인지 같이 일하던 공무원들이 더 좋아했다. 정말 열심히 일하시는 분이라며, 공식적으로 연차도 쓰실 수 있어 안정적으로 일하실 수 있게 되어 맘이 놓인다고 했다. 그분에게는 요즘 일하시는 것이 어떠시냐고 묻자 이렇게 답하셨다.

"일 깨끗이 더 열심히 하고 싶어요. 내 일터니까."

이렇게 일하는 분들에게, 우리가 보장해 드린 것은 단지 임금 얼마와 보험만이 아니라 자긍심이지 않았을까. 그것이 일자리라고 생각한다.

기업 정치의 그늘과 동네 목욕탕

울산과 현대

○ ○ ○

울산이라는 도시는 '현대'와 떼놓을 수 없는 곳이다. 특히 현대 정몽준 회장이 정치를 하면서 현대는 주민 시설에도 투자하고는 했다. 울산 곳곳에 현대가 짓고, 현대가 기부하고, 현대가 제공하는 복지시설들이 있었다. 동구에도 현대중공업이 동부회관, 서부회관을 지어 헬스장, 수영장, 목욕탕 등을 운영했다. 그 시절 동구에 살았던 사람들은 그래서 "현대 덕분에"라고 생각하기도 했다.

현대라는 기업과 울산이라는 도시를 일군 것이 노동자의 땀이라는 것은 차치하더라도, 기업이 사회에 공헌하고 주민에게 보답하는 것 자체는 참 좋은 일이다. 그것이 상생의 길이기도 하다.

그렇지만 주민을 책임지는 것은 결국 기업일 수 없었다. 수십 년 동안 주민들의 생활과 문화를 책임지던 동부회관 서부회관은, 조선업 불황 여파로 기업이 어려워지고 정몽준은 정치에서 손을 떼자 낡게 허물어졌다. 결국 현대중공업은 2016년 서부회관을, 2017년에는 동부회관 운영을 중단했다. 기업에는 무한히 주민을 책임질 '의무'가 없었다.

2021년 '동구 살리기 주민대회'를 처음 개최했을 때, 주민들의 주요 요구사항 중 하나가 동부회관, 서부회관 정상화였다. 두 회관이 문을 닫고 나니 주민 생활 인프라 자체가 너무 부족한 것이 사실이었다. 기업도 문제고 주민들 시설이 부족한 것도 문젯거리지만, 덜컥 시작하기엔 동구 예산에 비해 규모가 큰 사업이긴 했다. 그때 내 마음을 흔든 건 당시 주민들의 말이었다.

"초등학생 때부터 부모님이랑 목욕탕에 다녔던 곳인데…."

"중고등학교 때 친구들이랑 매주 가던 곳인데 씁쓸하네요."

그 공간에는 우리 동구 주민들의 유년 시절의 삶이, 추억이 배어있었다. 공간이 낡아가는 것을 보며 주민들은 동구 자체가 낡아가고 있다고 느끼지 않았을까.

이를 동구 예산으로 감당하는 것은 솔직히 쉽지 않았다. 비용이 많이 들었고, 작은 지자체 예산으로는 꽤 버거운 일이었다. "기업이 지어놓은 걸 왜 우리 세금으로 떠안아야 하느냐"라는 불만도 있었다. 공무원들도 우리가 해야 할 일이 아니라며 만류하기도 하고, 추진을 부담스러워하는 부처도 많았다.

그럼에도 불구하고 나는 해야 한다고 생각했다. 기업이 떠나도 주민은 남아있고, 그 주민을 끝까지 책임져야 하는 것은 행정이기 때문이다.

기업이 떠난 자리에도 주민은 남아있다

그렇게 동부회관, 서부회관 리모델링에 들어갔다. 서부건강센터가 2024년에 동부체육센터가 2025년에 다시 문을 열었다. 헬스장, 수영장도 만들고, 빠질 수 없는 목욕탕도 만들어 그때 그 시절처럼 '남탕' '여탕'도 큼지막하게 써 붙였다.

그중 서부건강센터를 운영하게 된 분께서는 자신도 어릴 때부터 동부회관을 이용하던 분이다. "찾아오는 분들의 이름도, 그분들이 뭘 하셨던 분들인지도 기억이 난다. 내 추억이 담긴 이 공간에서 더 많은 꿈을 펼쳐보고 싶었다"라는 그분의 마음이 참 따뜻하게 들렸다.

다시 생각해도 잘한 일이다. 주민의 삶을 돌보는 일에 예산이 많이 든다고 소위 '가성비'를 따질 수는 없는 일 아닌가. 특히 동구에 애착을 가지고 어린 시절부터 살아온 이들이, 그 추억을 고스란히 투영할 수 있는 공간을 되살린 일이라서 더 뿌듯하다.

동부회관, 서부회관을 책임지게 된 것은, 지금 기업과의 상생을 더 적극적으로 추진하려는 우리로서도 좋은 교훈이 되었다.

기업이 떠난 자리에 주민은 남아 있고, 그 자리를 다시 일군 것은 주민과 공동체의 의지였다. 결국 행정이 중심을 잡고 키를 쥐어야 했다. 공공이 책임을 지는 토대 위에서, 기업의 선의도 빛을 발할 수 있고 주민에게 닿을 수 있다. 주민을 '지속 가능하게' 책임지는 것이 행정이 할 일이기 때문이다. 복지는 기업의 흥망성쇠에 따라 출렁일 수 없고 10년 뒤에도, 20년 뒤에도, 이 도시에서 태어나 자랄 아이와, 이 도시를 배경으로 늙어갈 어른들에게도 고스란히 작용해야 하기 때문이다.

사실 정몽준 전 의원에 대해서는, 특히 그가 울산에서 한 정치에 대해서는 할 말이 더 많지만 참기로 한다. 하나 분명한 것은 울산 주민은 그 누구의 정치적 이익을 위한 장식품이 아니라는 것이다. 울산 주민의 삶을 자신의 정치적 치적에 이용하는 것은 무책임한 정치의 표본일 뿐이다.

무엇보다, 울산이라는 도시를 일군 것은 대기업의 오너가

개인적으로 해낸 것도 아니고 기업의 투자만으로 이뤄진 것도 아니다. 수많은 울산 주민의 땀, 울산의 '부'를 일구기 위해 땀 흘린 노동자가 결국 울산의 주인이다.

엄마가 아프면 아이도 아프다

동구 살리기 주민대회

○ ○ ○

진보당에서는 매해 꾸준히 주민들의 의견을 모으고 주민들이 직접 정치와 행정에 참여하는 '주민대회'를 개최한다. 울산 동구에서도 '동구 살리기 주민대회'가 2021년부터 열렸고, 많은 주민에게서 좋은 정책이 제안되고, 그걸 실현할 수 있는 주민들의 동력도 여기서 나왔다.

울산 동구의 자랑인 '하청노동자 지원 조례'도 여기서 시작됐고, 염포산 터널 무료 등 주민들이 절실하게 여기는 정책도 주민대회에서 탄생했다. 나도 구청장이 되기 전에는 주민대회 조직위원장을 맡아 직접 대회를 꾸려보기도 했고, 구청장이 되고 나서는 주민대회를 주민과의 중요한 소통 창구는 물론, 주민의 직접적인 명령을 듣고 행정가로서 이를 이행하고 보고하는 중요한 창구라고 여겨왔다.

주민대회는 전국의 많은 곳에서 열리지만, 그 중 울산 동구 주민대회의 장점 중 하나는 '교육 돌봄 조직위원회'에 있다. 이 조직위원회 안에서도 청소년, 교육, 돌봄, 보육 4개 분야의 분과위원회가 구성되어 주민들이 활발히 정책 제안도 하고 행정에도 직접 참여하기 위해 행동한다.

우리 지역의 교육과 돌봄 문제에 대해 주민, 전문가, 행정이 머리를 맞대고 해결책을 모색할 수 있는 네트워크가 상시로 운영되고 있으니 주민 주도의 행정을 실현할 수 있는 좋은 구조라고 생각한다. 행정의 관성도 타파할 수 있고, 행정의 시각에서 보지 못하는 사각지대도 발견하고, 또 그만큼 주민의 절실한 요구가 전달될 수 있으니 말이다.

육아 토크콘서트에서 나온 말

○ ○ ○

구청장이 되어 '교육 돌봄 조직위원회'와 함께 직접 부모들 고충을 듣는 자리를 마련했다. 구청 주최로 육아종합지원센터와 함께 '육아 토크콘서트'를 열었다. 전문가들과 함께, 부모들과 관계자들과 이야기를 나누는 자리였다. 나는 육아 전문가는 아니지만 그래서 더 소중한 자리였다. 이 자리에서 나온 제안 중 하나가, 울산 동구에도 '아픈아이돌봄센터'가 있었으면 좋겠다는 이야기였다. 아이가 아플 때 가장 큰 돌봄의 공백이 발생한다는 것이었다.

아픈아이돌봄센터는 아직 울산에는 하나도 없었지만, 서울 노원구 등에서 이미 운영되고 있는 정책이었다. 학교나 어린이집에서 아이가 아프면 사회복지사와 전문 간호사가 아이를 병원에 데려가 진료받고 부모가 퇴근할 때까지 보살펴주는 시스템이다. 얼른 만들어야겠다 싶어 서울로 찾아가 센터 운영 방식도 보고 공간도 살펴봤다. 울산에 짓고 싶은 센터 그림이 그려졌다. 아이들이 기다리는 동안 지낼 공간은 좀 따뜻하고 밝았으면 싶었다. 부모가 걱정하지 않도록 아이들을 픽업하고 진료 시에 문자로 알려주는 서비스도 필요했다.

울산에서는 처음이다보니, 반대의 목소리도 있었다. 아픈 아이를 돌보는 일은 당연히 '가성비'가 나오는 사업은 아니었다. 공간도 확보해야 하고 사람도 있어야 하는데 하루에 이용할 수 있는 아이는 3명뿐이니 말이다. 예산을 새로 들여야 하니 국민의힘 의원들이 대놓고 반대하기도 했다. 그때 나는 그렇게 말했다.

"아픈 아이 단 한 명이 이용하더라도 있어야 합니다."

우리가 어릴 땐, 부모님이 집에 안 계시면 옆집에 몸을 의탁하는 일이 흔했다. 그렇지만 요즘은 아이가 열이 난다고 연락이 오면 부모가 학교로 달려가야 한다. 조부모와 같이 살거나 다른 양육자가 없다면 대부분 엄마에게 그 역할이 맡겨진다. 많은 여성이 그럴 때 직장을 그만두게 되고, 원치 않은 '경력단절'로 내몰린다. 우리 사회가 책임져야 할 아이의 보육을 여성들의 희생으로 감당하고 있는 셈이다.

나만이 아니라 지역의 많은 주민, 학부모들의 간절함이 있는 사업이라 다행히 뜻이 모아졌고, 울산에서 처음으로 아픈아이돌봄센터를 열었다. 미끄럼틀과 책이 갖춰진 휴게실까지 함께한 곳으로, 이름은 '토닥토닥'으로 지었다. 이렇게 만들어진 아픈아이돌봄센터는 점점 입소문도 많이 났고, 이제는 구에 하나만이 아니라 주요한 지역마다 지어야 한다는 주민들의 바람이 모이고 있다.

"돌봄센터 덕분에, 취직 용기를 냈어요"

○ ○ ○

토닥토닥을 짓고 나서 뿌듯했던 순간 중의 하나는, 한 엄마가 전해온 이용 소감을 들었을 때다. 실제 아이가 종종 아픈 편이라 취업해도 될지 고민만 하던 엄마가 아픈아이돌봄센터를 이용해 봤는데, 걱정했던 아이가 병원도 잘 다녀왔다고, 돌봐준 선생님이 좋다고 말해줬다고 한다. 이제 아이를 믿고 맡길 데가 있다며 다시 취업을 시도했고 성공했다는 소식이었다.

그러고 보면 나도 운동하고 정치한답시고 아이들 보육은 전담하지 않았고 우리 아내가 책임져왔다. 그래서 주민대회나 육아 콘서트 등을 통해 주민에게 배우는 자리가 무엇보다 중요했다. "엄마가 아프면 아이도 아프다"라는 경험적인 진실도, "아이들은 아프면서 큰다"라는 말이 얼마나 큰 무게감을 주는지도, 나는 미처 경험해 보지 못한 것이기도 하니까 말이다.

아이들이 코인노래방 말고 가고 싶은 곳

한글 못 뗀 부모의 소원

◦ ◦ ◦

대학생 시절, 울산에서 노동자들을 만나 이런저런 문화 교실도 많이 열었는데, 그때 아직도 한글을 정확히 못 익힌 형님들이 있다는 것도 알게 됐다. 어릴 때부터 기술을 몸으로 배워 숙련공까지 됐지만, 미처 한글을 배울 기회가 없었던 형님들이다. 그리고 형님들의 공통된 소원 하나도 알게 됐다. 자식만큼은 정말 끝까지 교육시키고 싶어 한다는 것. 우리나라가 교육열이 높은 편이라고는 하지만, 그 교육열의 실체에는 가난과 사회의 어려움으로 배움의 기회를 놓친 부모들의 한도 서려 있다는 것을 그때야 구체적으로 알게 됐다. 하루 종일 쇠 철판을 다루며

녹초가 될 때까지 일하던 이 형님들은 아이들이 공부할 수 있는 내일을 위해 땀 흘리고 있었다.

요즘 아이들에게는 어색한 이야기일지 모르지만 공부하고 싶어도 할 수 없던 시절을 경험한 우리 세대에게는 그래서 교육이 더 소중하고, 귀하다. 우리 집만 해도 그랬다. 십 남매 중 아홉째이자 장남인 나는 특혜를 입어 마음껏 공부할 수 있는 축에 속했지만, 누님들은 초등학교, 중학교 밖에 나오지 못하고 생활전선으로 내몰렸다. 특혜를 누리던 나마저도 아버지 돌아가시고 집안 형편이 어려워 대학을 포기할 뻔했고, 셋째 누나와 매형이 먹이고 입히고 재워가며 간신히 대학을 보내줬으니 말이다.

울산에서의 교육은 그래서 또 남다르다. 노동자의 도시, 그 노동자들의 소원이자 바람. 아이들이 마음껏 제대로 공부하는 것. 아이들의 교육을 책임지고 싶은 것. 그래서 구청장으로 취임하면서 울산 교육에 대해서 구청이 할 수 있는 건 다 해봐야겠다고 마음먹었다.

학부모 반상회를 시작하다

○ ○ ○

두 번째 구청장으로 취임하고 나서는 고민이 구체적으로 깊어졌다. 지자체에서 할 수 있는 교육사업을 꼼꼼히 들여다보기 시작했다. 구청에서 직접 다루는 분야는 많지 않았고 교육 예산과 사업도 여기저기 흩어져 있었다. 그때부터 교육정책과 주무관들, 지역 교육 운동하시는 분들과 많은 대화를 시작했다. 구청에서 아이들 교육을 위해 뭘 할 수 있을까? 가 화두였다.

그때 '학부모 반상회'를 시작했다. 첫해 동구에 있는 초등학교를 거의 다 다닌 것을 시작으로 아동 센터, 지역 교육 모임 등을 다니며 3년 동안, 5백여 명이 넘는 학부모를 만났다. '교육 발전 대토론회'라는 큰 자리도 만들었다.

"아이들 교육을 위해 지금 필요한 게 무엇인가요?"

"아이들이 안전하고 행복한 동구를 만들기 위해 무엇이 필요한가요?"

이 두 가지 질문을 가지고 학부모들과 대화를 시작한다. 처음엔 다들 어색해하고, 특히 아빠들은 좀 더 굳어있는 표정으로 앉아 있기도 했다. 그래도 자연스럽고 다정다감하게 반상회를 이끌어주고 준비해 준 교육 희망 선생님들이 계셔서 분위기는 금세 풀어졌다. 간담회를 마치면 학부모들, 특히 딱딱했던 아빠들 표정이 풀어져 있는 것을 확인하면 내 기분이 다 좋아졌다. 특히 생생한 학부모들의 이야기를 듣는 그 순간이 참 좋았다.

"등교 시간에 쓰레기차가 꼭 다니는데, 시간대 조정이 안 될

까요?"

"통학로에 안전바가 흔들거려요."

"생존수영을 바다에서 해볼 순 없나요?"

"봉사 체험하러 아이들 보내고 싶은데 몇 명만 보내도 받아 주는 봉사기관은 없을까요?"

"어떤 도서관에는 아이들 책이 너무 적어요."

"어디 초등학교는 노란색 아이들 보호선이 선명하게 잘 되어있던데, 우리 학교도 가능할까요?"

즉석에서 답할 수 있는 건 답하고, 나중에 조치해야 할 건 열심히 메모하고(담당이던 교육정책과 직원들이 고생을 많이 했다), 구청이 하기 어려운 사업은 그렇다고 솔직하게 말하고, 학부모들의 의견을 구할 건 그렇게 했다.

실제 교육 환경 개선에도 좋은 일들이 많이 생겼다. 울산 동구에 아동 청소년 체험기관이 없다는 호소에 화답하기 위해 동구 꽃바위 창의누리관 리모델링도 했다. 아이들이 아플 때 맞벌이 부부들이 학교 보내기 너무 힘들다는 이야기에 아픈아이 돌봄센터도 시작했다. 학부모의 고민을 듣고, 함께 나누며 동구의 교육이 나아지고 있다.

동네 구석구석 살아있는 이야기를 나누고, 구청이 할 수 있는 걸 찾아서 일하니 뿌듯했다. 덕분에 우리 구청의 교육정책과 직원들은 졸지에 종합 민원창구가 되어 괴롭긴 할 터다. 아이들 통학로 문제는 경찰서, 학교 문제는 교육청, 기타 지자체 등등을 계속 만나 협의하며 전방위적인 교육사업을 펼쳐야 하니 말이다. 그래도 이게 '살아있는 행정'인 것 같아 자랑스러운 학부모 반상회다.

민식이법의 눈물, 아이들 안전에 돈을 아끼랴

○ ○ ○

학부모 반상회에서 가장 많이 나온 이야기, 부모들의 걱정 중 하나는 아이들 통학 안전 문제였다. 특히 동구는 공장이 먼저 들어서고, 도로가 그에 따라 생기고, 그다음 여러 건물이 지어진 터라 생활도로가 매우 좁다. 학교 주변에서도 아이들이 차를 피해 가며 다녀야 하는 경우가 태반이었다.

동구의 남목초등학교에선 특히 이 문제가 심각했다. 학교 전체를 리모델링하고 있었는데, 거의 새로 짓는 수준이었다. 그러다 보니 학교 주변 전체가 공사장이었다. 아이들 통학 안전이 걱정되는 상황인데, 아직 공사중이라며 통확로를 확보하는 것은 계속 뒤로 밀리고 있었다. 보통은 학교를 다 짓고 나서 통학로를 짓는다고 한다. 그런데 이 학교는 공사가 끝나려면 6년이나 남았다고 했다. 그러면 학교에 다니는 아이들이 졸업하고도 남는 시간인데, 그 아이들은 어쩌란 말인가.

“아이들 안전에 어떻게 돈을 아낄 수 있겠습니까. 예산이 두 배로 들어도 할 건 해야지요.”

나는 부모님들의 걱정에 크게 공감했다. 지역 주민, 학부모들이 힘을 모아 직접 아이들 안전을 지키기 위해 행동했다. 학부모들은 의견을 모아 정식적으로 동구청에 행정 공문을 접수했고, 한 분은 경찰서에, 한 분은 교육청을 맡아 민원도 넣고 절차를 알아봤다. 그렇게 부모들이 움직이고 행정이 손발 맞춰서 결국 남목초등학교 통학로를 만들었다.

이때 열심히 뛰던 학부모들을 보며, 나는 2019년 국회 풍경이 떠올랐다. ‘민식이법’으로, 법에 자식들 이름을 붙여서까지 눈물로 호소하던 학부모들. 당시 자유한국당 나경원 의원 등이 민식이법을 반대하는 것도 모자라 여야 협상카드로 이용하려고 했고, 부모들이 왜 우리 아이들을 이용하냐며, 야만의 정치라고 울부짖었던 장면이 기억난다. 부모님들이 국회를 찾아 자유한국당 의원들 앞에서 무릎 꿇고 눈물로 호소하기도 했다. 왜 부모들이 무릎 꿇고 아이들의 안전을 빌어야 하는가. 무릎 꿇어야 하는 건 아이들을 지키지 못한 정치인이어야 하는데 말이다. 아이들의 생명과 안전 앞에 부모가 못할 게 뭐가 있겠는가. 그러니 그 아픈 마음으로 법에 자기 자식 이름을 붙인 게 아니겠는가.

결국 좋은 교육은 부모의 마음에서 출발한다. 행정이 그 마음에 부응하려면 초등학교 앞 속도 제한, 거리 정비, 아이들이 잘 보이게 거리에 노란색을 환하게 칠하는 것 등등 할 수 있는 건 뭐든지 해야 하지 않을까.

아이들이 코인 노래방 말고 가고 싶은 곳

◦ ◦ ◦

학부모 반상회는 부모들은 물론 학생들과도 같이 소통하는 계기가 됐다. 동구에 청소년들을 위한 어떤 시설과 프로그램이 있었으면 좋겠는지 대화한 적이 있다. 그때 고등학생들에게 많이 나온 대답이 '24시간 체육시설'이었다. 이 이야기를 학부모들에게 전했는데, 학부모들은 이해하기 어려운 눈치였다.

아이들 말로는 학원이 10시에나 끝나는데 운동을 하고 싶어도 갈 데가 없다, 밤에 하면 막 야단치며 시끄럽다고 한다, 우리도 코인노래방 놀러 가는 거 말고 밤에 한 시간이라도 운동하고 싶다는 것이었다. 학생들에게 들은 이야기를 전하니 그제야 부모들도 맞네, 맞네 한다.

학생들은 또 '어른들 말고 청소년 전용 체육시설도 만들어 주세요'라고 말했다. 어른들은 낮에도 저녁에도 많이 운동하는데, 우리도 하나쯤은 어른들 눈치 안 보고 쓰고 싶다는 거다. 그래서 감나무골에 청소년 체육시설도 만들게 됐다.

이렇게 서로의 대화 창구가 나를 통해 열리는 것도 유쾌한 경험이다.

나는 좋은 아버지인가

◦ ◦ ◦

학부모 반상회를 시작했을 때 주변에서는 걱정도 많았다. 요즘 학부모들이 그렇게 요구사항이 많고 말도 많다는데, 교육청도 아니고 구청에서 감당할 수 있겠느냐는 것이다. 정작 간담회를 해본 나로서는 오히려 일이 분명하고 쉬워졌다. 특히 학부모들이 함께 문제를 해결하는 반상회여서 더 좋았다.

학부모 개인의 고민과 민원을 들은 뒤에 그것에 대해 답변만 준비해서 만나는 것이 아니라, '아이들 교육을 위해 머리를 맞대봅시다' 하고 학교를 직접 찾아가는 자리이다 보니, 고민이 많은 학부모님들이 모여주셨고 책임 있는 제안을 해주셨다.

내가 가장 신경 써야 하는 것은 일정을 보장하는 일이었다. 매주 화요일이나 목요일로 제안이 들어왔는데, 정말 부득이한 일정이 아니면 학부모 반상회를 1번 일정으로 올려달라고 비서실에도 특별히 말해뒀다. 그만큼 뿌듯하고 즐거운 일정이라 어떻게든 '사수'하고 싶었다.

학부모 반상회를 3년째 하다 보니 벌써 세 번째 만나는 분들도 있다. 그중 한 학부모님은 그새 내가 너무 친근해졌고, 아이들 이야기 같이 나누니 너무 좋다며 "친정아버지보다 구청장님이 더 좋아요"라고 웃으며 인사해 준 적이 있다. 친정아버지만큼 세세하게 살펴주진 못하겠지만 이런 칭찬을 받을 때만큼 뿌듯한 때가 있나 싶다. 물론 친정아버지만큼 잔소리를 안 하는 정치인이니 더 좋게 느껴지는 것일 테지만 말이다. 이럴 때면 나도 나를 돌아본다. 우리 딸 단비와 나래에게 그렇게 좋은 아버지인가, 싶기도 하고 좋은 아버지가 되어야지, 라고 새삼스럽게 마음을 다잡게 된다.

좋은 아버지 모임

○ ○ ○

95년 즈음 동구에서 지역 정치를 준비할 때, '좋은 아버지 모임'을 만들었던 때가 기억난다. 밤에 남자들끼리 술자리를 가지며 지역에서 뭘 해볼까, 하다가 서로의 아이 이야기, 교육 이야기가 나왔다. 그때 누가 그랬다 "도대체 우째 하는 게 좋은 아버지라는거야?" 그래서 우리가 먼저 배우자고 아버지 교실을 열었다.

자녀교육과 아빠의 역할을 토론하고, 아이들과 한 달에 한 번은 야외 체험활동을 했다. 중공업과 자동차, 미포에 다니는 노동자부터 자영업, 사회단체 활동가 등 다양한 아버지 직업을 서로에게 소개해 주며 가족들이 어울렸다. 서로가 아이들을 같이 키우던 그때 참 행복했다. 이때의 행복감이 지금의 동구를 '아이들이 건강하고 마음껏 뛰놀 수 있는 행복한 곳'으로 만들고 싶다는 강한 원동력이기도 하다. 학부모 반상회에서 만난 부모들과도 '같이 아이를 키우는 기분'으로 계속 만나고 싶다. 공동체가 그런 것 아니겠는가.

그 놀이터에 미끄럼틀이 없는 이유

노는 만큼 크는 아이들

○ ○ ○

어릴 때부터 들이며 산에서 뛰어놀았던 세대라서 그런지, 십남매로 자라고 동네에도 친구들이 많던 세대여서 그런지, 나는 아이들 놀이만큼 중요한 것이 없다고 생각한다. '잘 노는 아이가 잘 큰다'라는 생각이다.

처음 동구에서 정치를 시작하고 많이 들은 이야기가, 아이들이 놀 데가 없다는 거였다. 당시 오염이 많다는 이유로 모래놀이터가 싹 사라지고 비슷비슷한 놀이터가 들어섰는데 아이들이 맘껏 놀기에는 많이 부족해 보였다.

철봉에서 물이 나와요

◦ ◦ ◦

지금은 여기저기 보편화된 놀이터 물놀이장을 울산에서 처음 만들 때 일이다. 당시 동구 박문옥 의원이 어린이 놀이터에 물놀이장을 만들자고 제안했다. 성남 한 공무원 아이디어였다고 하는데, 바닥에서 분수가 나오고, 철봉에 드릴로 구멍을 뚫어 거기에서 물이 나오던 물놀이장이 TV에 나온 적이 있다고 했다. 알아보니 가까운 대구에도 놀이터 물놀이장이 있다길래 박문옥 의원을 비롯한 의원들이 직접 다녀왔다. 다녀와 나에게도 동영상을 보여줬는데, 보자마자 이거구나 싶었다. 그래서 얼른 추경해서 당장 시작하자고 했다.

그런데 의회에서 반대가 많았다. 한나라당이었던가, 새누리당이었던가, 암튼 국민의힘 의원들이 난리였다. "아니, 주변이 다 바다인데 무슨 놀이터에까지 물놀이장이냐." 그래서 예산이 삭감됐다. 그런데 당시 물놀이장 예산만 깎인 게 아니었다. 그게 포함된 예산이 통째로 날아갔다.

이걸 어떻게 하나, 구청장으로서 예산 깎은 의회와 싸워야 하나 고심하다가 우선 주민들이 상황을 정확히 아셔야 한다고 생각했다. 깎인 예산을 살펴보니 물놀이장만이 아니었다. 동네 수영장 등등 주민들이 사용하는 시설 예산 전부가 다 같이 삭감됐다. 그래서 구청장 이름으로 예산 삭감 내역을 공지했다.

"예산을 확보하지 못해 죄송합니다. 이런 예산이 이렇게 삭감됐습니다. 저를 비롯한 동구 공직자들이 더 노력하겠습니다."

동네 식당에도, 수영장에도, 다 가져다 붙였다. 주민들이 난리가 났다. 의회 욕을 한 것도 아니고 우리가 부족하다고 붙였으니, 의회는 우리와 싸우지도 못하고 주민들에게 해명하기에 바빴다. 결국 안 되겠는지 일부 예산이 살아났다. 그래서 울산 최초로 바드래공원 놀이터에 물놀이장을 만들 수 있었다. 그때 주민들이, 아이들이 얼마나 좋아했는지 모른다.

그 놀이터에 미끄럼틀이 없는 이유

◦ ◦ ◦

놀이터를 어떻게 좋게 만들지 고심하며 시도한 것이 한 두 가지가 아니다. 처음 놀이터 개선 사업을 시작할 때 살펴보니 업체별로 놀이기구가 정해져 있고 다 천편일률적이었다. 올해는 여기 업체, 내년엔 저기 업체 것을 돌아가며 이용하는 꼴이었다. 놀이터에 가면 미끄럼틀, 시소 등 구성이 다 비슷해 보이는 것도 그래서였다.

주민들 의견을 들어야겠구나 싶어 주민들과 TF를 꾸렸는데 이분들이 정말 열심히 하셨다. 어떤 놀이터를 만들 것인지 직접 공부를 하고, 주민들 의견을 청취하고, 업체와 미팅도 했다. 나중에는 아이들에게 투표를 받았다. 학교에 설문지를 보내고, 학교 앞에 가서 사진 보여주며 투표를 받고, 그렇게 아이들이 고른 것으로 놀이터를 설계했다.

아이들 의견대로 만들어진 놀이터에는 미끄럼틀이 없었다. 아이들은 그만큼 넓어진 공간에서 더 뛰놀기를 원했다. 또 아이들은 더 작은 아이, 몸이 불편한 아이도 함께 놀고 싶어 했다. 그래서 일반 시소 대신 '무장애 시소'가 들어왔다.

주민 참여형으로 놀이터를 만드는 사업은 이제 동구에는 완전히 정착됐다. 명덕 수변공원에 놀이터를 만들 때는 아예 '놀이터학교'를 열었다. 놀이터는 어떤 공간이어야 하는지, 스마트폰 대신 놀이터 공간이 아이들에게 얼마나 소중한지, 아이들이 꿈꾸는 놀이터는 무엇인지 공부하는 자리였다. 나도 학교에 같이 참가해서 같이 공부했다. 참여한 주민들은 '놀이터 참여단'이라는 후속 모임을 만들어 놀이터를 직접 설계하기 시작했다.

그때 투표해서 나온 놀이기구를 도입하기로 했는데, 1억이 넘어 구청에서도 고심했다. 이렇게 비싼 걸 설치해야 하는지 솔직히 확신이 없었다. '구르는 언덕'이라는 기구였는데, 3천 명도 넘는 설문조사에서 1등이라니 무시할 수는 없었다. 그래서 그 기구에 투표한 아이들에게 물어봤더니, 대답이 이랬다.

"이거는 처음엔 요만큼 시도하고요, 다음엔 이만큼 시도할 수 있어요. 이 놀이터는 제 모험심이 계속 계속 커지는 거예요."

정말 멋진 대답이 아닌가. 아이들에게 놀이터란 그런 공간이었다. 돈으로 놀이터 기구를 따지는 어른인 것이 부끄러워졌다.

어르신 놀이터에 꼭 필요한 건 '정자'

○ ○ ○

어린이 놀이터만이 아니다. 어르신 놀이터도 만들어졌다. 한 아파트에 놀이기구 의견 수렴을 하기 위한 설문지를 아파트 엘리베이터 옆에 붙였더니, 어르신 한 분이 거기에 글을 적어두셨다. 우리 어른들 의견도 좀 들어주세요, 하고. 그 설문지를 수거하러 갔더니 그 어르신이 기다리고 계셨다. 우리에게도 공간이 필요하다는 간절한 호소였다.

그렇게 오좌불공원에 어르신 놀이터가 생겼다. 원래도 어르신들이 삼삼오오 모여 바둑도 두고, 장기도 두고, 음식도 나눠먹는 곳이었다. 공간이 너무 낡고 비좁기도 했다. 여길 정비해서 '어르신 놀이터'로 재탄생시켰다. 어르신 놀이터에 가장 중요한 건 큰 '정자'였다. 이 정자를 어떤 크기로 어떤 모양으로 만들지, 정자에 난간을 둘지 말지 등등 참 세세하게 어르신들과 토론해 가며 지었다. 이때 동구 박문옥 의원이 고생을 참 많이 했다. 그만큼 심혈을 기울여 만든 정자에 주민들의 발길이 끊이지 않는 것은 물론이다.

“주민들 의견은 어떻습니까?”

◦ ◦ ◦

주민 참여형 놀이터 사업은 이제 동구 행정의 모델이 됐다. 모든 행정에 주민의 의견부터 묻고, 주민의 기준을 확인한다. 새로운 사업을 기획할 때면 “이거 주민들 의견은 어떻습니까”를 묻는 게 동구 행정의 기본이 됐다.

어른들이 책상에서 만들어 주는 놀이터가 아니라 아이들과 꿈꾸며 만드는 놀이터. 그리고 어르신에게도 필요한 놀이터까지. 놀이터를 이용하는 아이들의 밝은 얼굴을 볼 때마다, 어르신들이 지친 다리 쉬고 계신 걸 볼 때마다 어찌나 뿌듯한지 모른다.

결국 답은 주민 속에 있고, 행정은 주민의 마음에 가닿는 일이라는 것을 다시 한 번 확신하게 된 경험이었다.

동구에 홈플러스 기업형 슈퍼마켓이 들어왔을때. 구청장의 마트 습격 사건이라고 불릴만큼 소동이 있었지만 주민의 힘으로 막아냈다

선수들에게 성적보다 행복을 묻는 사회가 되었으면 한다. 울산자연과학고 스쿼시 선수들과

첫 구청장 시절 가장 잘한일 중 하나는 장애인 역도팀을 만든 것이다

©울산동구청

울산에서 처음 어린이놀이터 물놀이장을 만들었을 때

아이를 같이 키우겠다는 마음으로 학부모들을 만난다

©울산동구청

함께 삽시다! 외국인 주민 반상회도 열었다. 서로가 서로를 이해하며 살아가는 울산이 되길 바라며

모두를 즐겁게 해줬던 축제, 대왕암 힙합 페스티벌에서

©울산동구청

국회에서
보낸 날들

따뜻함이 쌓여 정치가 된다면

진보정치와 나

◦ ◦ ◦

민주노동당에서 시작해 평생을 진보정당의 정치인으로 살았고, 통합진보당 해산 때도 끝까지 당을 지켰고, 이후 새롭게 민중당을 창당하고 진보당까지 왔으니, 나에게 '진보정치인'이란 정체성은 숙명이기도 하고, 자긍심이기도 하다. 당을 바꾸라는 사람도 많았지만, 그때마다 나는 이게 내가 가야 할 길이라고 답했다. 좋을 땐 당을 하고, 어려울 땐 당을 버리는 건 사람이 할 일이 아니지 않느냐고도 말했다.

나도 민주화운동을 하던 내가 정치를 하게 될 줄 몰랐다. 노동자와 노래하고, 춤추고, 목숨 걸고 싸우는 것이 내가 배운 운동이었기에 양복 입고 나서야 하는 정치는 호사스러운 것이라고도 생각했다. 그러나 민주화 열망 이후 사회가 변하면서 노동자의 정치가 꽃피기 시작했다. 노동자의 도시 울산에서야말로 노동자 정치를 만들 수 있다는 자신감도 생겼다.

정치인들은 다 그놈이 그놈이라며 손가락질했던 분들이, 우리 편 정치인 한번 만들어보자며 나를 시의원으로, 구청장으로, 국회의원으로 만들어 주셨다. 선거 때마다 나보다 더 열심히 뛰어다니는 노동자들, "쟈는 노동조합 일보다 김종훈 선거를 더 열심히 하네"라는 핀잔을 들을 만큼 선거 운동을 자기 일처럼 하던 노동조합 간부들이 있었다.

그들의 열망은 한결같았다. 노동자들이 두들겨 맞을 때 회사 편 말고 노동자 편드는 국회의원 한번 만들어 보자, 노동자들이 다 잘려 나갈 때 회사에만 돈 퍼붓지 말라고, 노동자 자르지 말라고 싸우는 정치인도 있어야 하지 않겠나. 그런 소망을 내 어깨에 실어주셨으니, 나는 혼자 정치하는 사람이 아니었다.

낙선한 정치인이 가는 곳

○ ○ ○

정치인들은 보통 당선보다 '낙선'의 경험을 더 많이 하게 된다. 낙선했을 때 후보가 느끼는 괴로움은 이루 말할 수 없지만, 그때야말로 정치인으로서의 책무를 느끼고 또 이겨내야 하는 때이기도 하다. 나 혼자만의 선거가 아니라 수많은 동지가 함께 뛴 선거이기에 다 같이 잘 정리하는 게 중요하기도 하다.

개인적으로는 낙선하게 되었을 때 마음이 되려 차분해지기도 했다. 동지들 얼굴 보기가 눈물 날 만큼 미안하지만 그만큼 나 자신을 돌아보는 시간이기도 했다.

나는 선거에 떨어지면 내 친구가 주지 스님을 하는 절에 가서 새로 에너지를 채우곤 했다. 스님이 친구가 된 게 아니라 친구가 스님이 됐다. 예전에 울산 국악 협회에서 탈춤을 가르칠 때 배우러 왔던 제자였다. 현대중공업을 다니던 친구였는데, 어느 날은 자기는 공부해야겠다며 회사를 그만둔다고 했었다. 그러더니 주지 스님까지 됐다. 그 친구가 있는 월정사로 가서 먹고 자고 보름쯤을 지냈다. 새벽이면 열리는 절의 아침을 따라 안개 자욱한 오대산 자락, 함백산 자락을 하염없이 걸었다. 그렇게 사색하는 시간이 그래도 좋았다. 나는 어떻게 살아왔고, 어떻게 살아갈 것인지 마음을 정리하는 시기였다. 앞으로 어떻게 하고 싶은지 고민하며 미뤄진 일기도 쓰고, 평소에 고맙다는 인사 한번 못한 사람들한테 쑥스러운 마음을 담아 편지도 썼다. 그러면서 힘을 얻고 다시 정치에 도전하고는 했다. 그런 비움과 채움의 시간이 나를 더 성장하게 했다.

진보와 보수, 좌우로 가를 수 없는 '사람'

ㅇ ㅇ ㅇ

진보정치인, 진보구청장. 나한테 "구청장이면 보수적인 사람들도 만나야 하는데 잘 지내느냐"라고 묻는 사람도 있다. 지금이야 나를 잘 아는 사람들은 그런 걱정은 전혀 안 하지만 말이다. 꼭 구청장이어서가 아니라, 나는 원체도 보수적인 사람이건 어떤 사람이건 다 똑같이 대하려고 노력한다.

동구에도 보훈 단체가 여럿 있다. 상이군경회, 전몰군경유족회, 전몰군경미망인회, 6.25참전유공자회, 월남전참전자회 등이다. 그중 전몰군경 미망인의 사연을 들으며 딱했던 적이 있다. 전쟁에서 사망한 남편들이 대전 현충원과 경북의 영천호국원 두 군데에 묻혀있는데, 단체에 보조금이 부족해서 한 번에 두 곳을 다 못 가고, 한군데씩만 간다고 했다. 한 해는 대전, 한 해는 경북에 가는 것이다. 남편이 영천에 있는 경우에는 2년에 한 번씩밖에 못 가는 셈이었다. 개별적으로야 찾으시겠지만, 공식 행사에서 남편을 볼 수 없는 마음은 초라해질 것 같았다. 예산이 엄청 많이 드는 일도 아니었다. 하루에 버스로 두 군데를 다 들르려면 차비, 식비를 50만 원 정도만 더 부담하면 된다고 했다. 이 딱한 사연을 듣고 기부자를 찾아 연결해 드린 적이 있다. 그분들이 어찌나 고마워하던지, 단지 돈 때문이 아니라 그분들의 마음을 알아주었기 때문이라고 생각한다.

보훈단체 사이에서도 힘 있는 단체, 힘없는 단체가 있다고 한다. 특히 6.25 참전 유공자분들은, 그때 참전 안한 사람이 어디 있느냐고 하면서 다른 단체 분들에게 종종 괄시받는다고도 했다. 그만큼 지원도 적고, 어렵게 사는 분이 많았다. 국회의원 시절 6.25참전 유공자회 회장님이 찾아와서 하소연했다.

"내가 울산시청 옥상에 올라가서 뛰어내리려고 했다. 참전수당이 전국에서 울산시가 제일 적다. 부끄럽다."

안타까운 마음에 하소연을 묵묵히 들어드렸다. 명절에 쌀 같은 거 기부하겠다는 기업이나 단체들이 있으면 6.25참전 유공자회로 연결해 드리기도 했다. 그분은 나중에 "내가 저 정당을 싫어한다. 그런데 김종훈이는 구청장 할 때부터 우리한테 너무 잘해준다"라고 말해주셨다. 이럴 때면 나도 감사하다. 그분들 눈에는 오히려 내가 사회를 어지럽히는 이상한 세력으로 보이지 않겠는가. 그렇지만 내가 그분들에게 한 만큼, 그분들도 내 마음을 알아주셨다.

나는 평생, 사람에 대한 선입견을 갖지 않으려고 노력하며 산다. 내 가치관이기도 하다. 명색이 사람을 위해 정치를 한다는 사람이 나만의 선입견으로 사람을 먼저 판단하고 잣대를 들이대서는 안 된다고 생각한다. 내가 그들을 '사람'으로 이해하려고 노력해야 우리의 진심도 통하지 않겠는가.

사람을 어떻게 딱 잘라 좌우로 가르랴. 그분들의 생각이 나와 다르고 또 잘못된 것이 있다고 하더라도, 그렇게 살아온 그 분들의 인생을, 존재 자체를 무시하거나 지울 수는 없지 않은가. 우리 부모님이 그랬듯이, 그분들이 이 나라를 일궈온 분들이라는 것도 잊지 않으려고 한다. 내가 정치인이지만, 정치적으로만 사람을 판단하고 네 편 내 편 가르는 정치는 보고 싶지 않은 것도 솔직한 욕심이다.

따뜻함이 쌓여 정치가 된다면

◦ ◦ ◦

시의원, 구청장, 국회의원을 다 해봤지만, 특히 구청장을 하면서 다양한 주민을 많이 만난다. 한번은 민간 어린이집 선생님들을 만났다. 아이들 보육을 고민하며 육아 콘서트도 열고 어린이집 간담회를 다니던 때였다. 구청에서는 공공 어린이집 지원 정책을 많이 내는 편이니, 육아의 한 주체인 민간 어린이집 선생님들이 소외될 우려도 있겠다 싶어 일부러 간담회를 하자고 했다. 하필 어린이집 무슨 무슨 사건, 이라면서 뉴스가 떠들썩하기도 했던 때다.

시작하며 "선생님들 요즘 고생이 너무 많으십니다"라고 평범한 한마디를 건넸는데 다들 표정이 좀 이상했다. 간담회는 잘 됐다. 아이들을 아끼는 마음이야 뭐 다를 게 있겠는가.

간담회 마치고 나중에 듣고 보니 '민간 어린이집 운영이 엉망이다, 제대로 감시해야 한다' 이런 말을 많이 듣던 때라 구청장과의 자리가 부담이었다고 한다. 오히려 구청에 따질 말도 많았다고 한다. 왜 우리는 지원 안 해 주냐는 그런 말이었을 거다. 그런데 정작 내가 민간 어린이집 운영해 주시는 분들을 다른 선생님들과 똑같이 대해주더라는 거다.

사람의 마음이란 이런 것이다. 민간 어린이집을 운영하는 분들이 돈만으로 그런 일을 하는 것이 아니다. 아이들에 대한 사랑 없이 그런 일이 가능하겠는가. 그 자긍심을, 그 일을 존중하는 것이 결국 그 사람을 존중하는 것일게다. 나의 평범한 인사에 조응해 준 그분들은, 어쩌면 날선 시선에 너무도 외롭고 힘든 시간을 보내고 있었던 것이 아닐까 하는 생각이 든다.

그래서 정치는 따뜻해야 한다. 사실 나는 그렇게 다정다감하거나 살가운 사람은 아니다. 그렇지만 내 성격보다도, 내가 하려는 정치에서는 따뜻함이 느껴지면 좋겠다.

국회에서 가장 많이 간 곳

울산에서 여의도로 출퇴근하던 날

◦ ◦ ◦

처음 국회의원이 되어 서울로 갈 때 캐리어 하나에 대강 짐을 챙기고, 승용차를 끌고 올라갔다. 종종 서울을 오갔지만 이제 서울에서 지내는 시간이 더 길어질 것을 생각하니 마음이 묘했다. 나와 같이 고향을 떠나 의원실에서 일하게 될 보좌진들과 같이 지낼 방도 구했다. 당시 보좌관과 수행비서와 같이 살기로 했다. 여의도 집값은 엄두가 안 나 신촌 부근에 방 두 개짜리 주택을 구했는데, 새벽이나 밤에는 차도 막히지 않아 여의도를 오가기에 나쁘지 않았다.

그런데 그 집에 오래 살지는 못했다. 노동자 해고 소식이 매일같이 날아들면서 울산에서 좀 더 시간을 보내야 했다. 울산에서 사람들의 이야기를 듣고 손이라도 잡아주고 싶은 마음이 커졌다. 실제로 현대중공업 정리해고 대응도 해야 했고, 울산에서 논의하고 해야 할 일도 늘어났다.

그래서 한동안 매일 저녁 국회 일정이 끝나면 울산으로 기차 타고 퇴근하고, 울산에서 밤에 사람을 만났다. 울산에서 서울까지 기차는 2시간 반 정도 걸린다. 새벽 4시쯤 집에서 나와 KTX 첫차를 타면 아침에 국회로 출근할 수 있었다. 낮에는 여의도 생활, 밤에는 울산 생활을 하며 몸은 피곤했지만, 그래도 그게 마음이 편했다. 타고난 체력 덕분이기도 했지만, 울산 노동자를 위해 뭐라도 하고 있다는 마음이 나를 지탱해 준 게 아닐까 싶다.

경험해 봐야 알 수 있는 감각

∘ ∘ ∘

국회의원들은 대부분 수행비서, 운전을 해주는 분들과 같이 다닌다. 오며 가며 할 일이 많기도 하고, 차 안에서 밀린 전화도 해야 하고 다음 일정도 챙겨야 하니 어쩔 수 없는 일이기도 하다.

나는 운전에 원래 자신이 있었고 울산은 골목까지 길이 눈에 훤하니 주로 직접 운전을 하고 다녔는데, 서울에서는 길도 잘 모르겠고 해서 운전대를 거의 잡지는 못했다. 그래도 멀리 지방을 오갈 때면 종종 바꿔가며 운전했다. 혼자 장거리 운전해야 하는 수행비서에게 미안하기도 했지만, 오랜만에 운전해 보고 싶다고 했다. 나는 택시도 몰아 본 사람이니 안전은 걱정하지 말라고 농도 건넸다.

처음 구청장이 되었을 때 택시 면허를 땄었다. 한 달에 한 번씩은 반드시 노동하는 시간을 만들겠다는 다짐에서였다. 손님과 편하게 나누는 정치 이야기들은 생생했고, 낮에 손님이 없어 빈 차를 몰고 돌아다닐 땐 길바닥에 기름을 쏟아붓는 느낌이 들어 불안했다. 택시 노동자 처우에 더 관심을 가지게 된 것도 물론이다. 세상만사 모든 일을 직접 해볼 수는 없지만, 경험해 봐야 알 수 있는 값진 것들이 있다는 이 감각을 놓치지 않고 싶다.

의원실의 첫 출근, 경찰을 만나다

∘ ∘ ∘

국회 의원실로 출근을 시작했다. 의원은 보좌진을 9명까지 둘 수 있는데 나까지 하면 10명이었다. 이 정도면 작은 기업이나 마찬가지다. 다들 열의는 넘쳤지만, 무엇부터 어떻게 해야 할지 막막하기도 했다. 정당도 없는 무소속에, 나를 포함해 국회

경험이 처음인 사람이 더 많았다. 어떻게 의정활동을 할 것인지 부딪히며 만들어가야 했다.

의원실 첫 공식 일정만큼은 의미 있게 하고 싶었다. 그때 현대자동차 비정규직 노동자들이 현대차 본사 앞에 와서 투쟁하고 있었다. 다 같이 거기로 출근하자고 제안했다. 국회 건물에 익숙해지기 전에 거리 현장에서의 감각을 잃지 않고 싶기도 했다.

다 같이 현대자동차 농성 현장에 방문했는데 우리가 마주친 건 경찰이었다. 2016년 박근혜가 서슬 퍼렇게 노동자들을 탄압하던 때다. 농성 현장도 강제로 진압하려고 했다. 박근혜 시절은 물론, 투쟁하는 노동 집회 현장에 가본 진보 정치인이라면 알 것이다. 막상 현장에서는 국회의원이라고 경찰들이 달리 대해주는 것도 아니다. 경찰들이야 이름도 얼굴도 모르는 국회의원이 무슨 대수겠나. 상부가 지시하는 대로 사람들을 밀거나, 해산시킬 따름이다.

나와 보좌진들도 현장에서 경찰을 등으로, 몸으로 막아야 했다. 다들 집회야 익숙한 사람들이라 놀랄 일이거나 별난 경험은 아니었지만, 의원이 되었고 보좌진이 되었으니 여기 사람들을 우리가 지켜줘야 한다는 생각이 더 강하게 들었다. 다쳐도 내가 다쳐야 하지 않겠나 싶은 심정이었다.

그렇게 의원실 첫 공식 일정을 마치고, 나는 이렇게 현장에 같이 하는 의원으로 살아가야겠구나, 라는 생각을 했다. 의원실 식구들도 별말은 하지 않았지만, 비슷한 감정을 느꼈겠거니 짐작했다. 그 정도 마음은 통하는 사이들 아니겠나. 나도 그랬지만 진보정당 의원들은 보통 이렇게 마음이 통하는 사람들이 의원실을 꾸린다. 다른 의원들이 '동지네 동지'라고 부러워하기도 하고, 신기하게 보기도 한다. 이런 것이 진보정당의 힘이고 자신감이 아닐까 생각한다. 나를 국회의원으로 만들어 준 것이 울산 노동자의 염원이었다면 그 염원을 실현하기 위해 모인 사람들은 같은 마음으로 일하고 있다는 자신감 말이다.

그래서 국회의원 4년은 어렵지만 할 만했고, 노동자들을 위해 국회에서 할 수 있는 '여의도 정치'에 대해 경험하고 배운 시간이기도 했다. 법 한 줄에 달라지는 노동자 수만 명의 삶, 그 법 하나를 통과시키기 위한 정당들의 속셈과 계산, 동향에 따라 움직이는 수천 개의 언론, 그들의 철저한 이해타산 … 그러나 결국은 국민에게 심판받는 것이 숙명인 정치에 대해서 말이다.

국회에서 감옥 면회를 다니다

∘ ∘ ∘

국회에서 많이 다닌 곳 중 하나는 감옥이다. 국회의원의 특권

중 하나로 '특별 면회'가 있다. 공식 명칭은 '장소 변경 접견'이라고 하는데, 차창 너머로 짧은 대화만 하는 게 아니라 마주 보고 이야기를 나눌 수 있는 면회다. 누구나 신청할 수 있지만 교도소가 허가를 해야 하는데, 국회의원은 의정 활동의 일환으로 간주되어 잘 허가해 주는 편이었다.

보통 면회하면 투명한 벽으로 가로막혀서 뚫린 구멍 사이로 이야기를 나누는 장면을 떠올린다. 그게 일반 면회인데 제대로 이야기를 나누기도 힘들고, 손 한 번 잡아보기도 힘들다. 수감자들 면회 횟수도 제한되어 있다. 누가 불쑥 찾아오면 늦게 온 다른 사람은 면회하러 왔다가 허탕 치고 돌아가는 경우도 있다. 그래서 가족들은 미리 시간도 예약할 수 있고 편하게 만나서 눈 맞추고 이야기할 수 있는 이 특별 면회를 간절히 원했다.

그때 민주노총 한상균 위원장도 감옥에서 여러 번 만났다. 당시 한상균 위원장을 특별 면회하려고 여기저기서 애를 썼는데, 다른 의원들이 요청한 것조차 다 거절당했다고 했다. 한상균 위원장 본인은 또 답답한 것이 얼마나 많고 이야기하고 싶은 것이 얼마나 많았겠나. 법무부에 직접 전화를 했다. "한상균 위원장 특별 면회 신청했는데 왜 안 됩니까." 물어보니 관계자가 아직 뭐가 안 풀려서 저희도 어쩔 수가 없다며 이런저런 핑계를 댄다. 그 당시도 기업인들이나 유명 정치인들은 실컷 특별 면회를 하고 있었을 것이 뻔했다. 얼마 전 윤석열도 감옥에 들어가서도 정말 시끌벅적하게 특별 면회를 하지 않았나. 그것이 특권이었다.

“대기업 회장은 되고 노동자는 안 됩니까? 누군 되고 누군 안 되는지 알아야겠습니다. 지금까지 법무부에서 허가한 특별 면회 자료를 다 보내십시오.”

그렇게 10년 치던가, 특별 면회 자료 신청과 허가 내역을 달라고 요청했다. 기업인인지 재벌인지 누가 얼마나 면회했는지 싹 다 분석해서 언론에 공개하려고 했다. 무전유죄 유전무죄나 다름없으니 두고 보자고 마음먹었다. 자료 요청한 지 3일 만에 법무부에서 전화가 왔다. “그냥 면회하시면 안 되겠습니까”

그렇게 한상균 위원장을 여러 번 만났다. 그전에는 개인적으로 알던 사이는 아니었는데, 면회를 자주 하며 연도 깊어졌다. 지난번 책 출판기념회에 선뜻 와주기도 했었다.

한상균 위원장만이 아니다. 이명박 박근혜 정권 시절을 지나던 그때, 투쟁하다가 감옥에 간 노동자들이 많았다. 포항의 한 교도소에 갔던 기억도 나고, 그렇게 전국 곳곳 교도소에 특별 면회를 하러 갔다. 내가 감옥에 있을 때 어머니와 누님들, 아내가 얼마나 속을 끓였을까 생각하니 노동자 특별 면회 요청이 오면 어지간하면 다 챙겨보려고 했다.

감옥을 다니며, 감옥에 갇혀있으면서도 밖에 있는 사람을 걱정하는 이들을 보며 많은 생각을 했다. 노동자가 자신의 권익을 위해 싸웠다는 이유만으로 감옥에 가지 않는 세상을 꿈꾸지만, 그런 현실을 다 알면서도 감옥에 갈 것을 감수하고 투쟁해야 하는 노동자에 대한 마음이 더 깊어지는 시간 들이었다.

미국에서 만난 버니 샌더스
한국에서 만난 트럼프

샌더스에게 "당신이 틀렸다"고 말하자

○ ○ ○

2018년이었다. 북미대화를 통해 한반도 평화를 만들어야 한다, 종전선언이 필요하다는 목소리가 높았던 때다. 당시 나는 국회의원이자 민중당 대표를 맡고 있었고, 당에서도 한반도 평화를 위해 무엇이라도 해야 한다는 고민이 깊었다. 그래서 미국 외교활동을 계획했다.

가장 기억에 남는 것은 버니 샌더스를 만난 것이다. 샌더스는 2016년 미국 대선에서 주목받았던 미국 내 진보의 대표주자였고 2017년에 러시아·이란·북한을 제재하는 법안에 대해 반대한 상원의원 2명 중 한 명이었다.

사실 나나 우리 당을 알 것이라는 기대는 하지 않았다. 그래도 샌더스라고 하니 어느 정도 평화에 관한 대화를 진지하게 나눌 수 있지 않을까 기대했는데 만나기 전 샌더스 측에서는 시간이 5분 정도 될 것 같다고 양해부터 구했다. 그리고 들어가 샌더스와 악수를 하자마자 "자 사진 찍읍시다"라고 하는 것이다.

딱 그거였다. 나 역시 미국의 국회의원을 찾아온 수많은 민원인 중 한 명일 뿐이구나. 이 사람에게 한국은 그런 존재구나. 미국 대 한국의 문제도 아니고, 미국이 취급하는 수많은 일 중 하나겠구나.

나는 "사진은 안 찍어도 됩니다"라면서 대화를 이어갔다. "남북 관계에 대해 어떻게 알고 계십니까"라고 물었더니 대부분 CNN 뉴스와 탈북자를 통해 듣는다고 했다.

"저는 당신 책도 봤고, 그래도 당신이 진보적인 시각을 가지고 있다고 생각했는데 그렇게 왜곡된 정보만 알고 계시다니 답답합니다. 그렇게 정치를 하시면 안 될 것 같습니다."

초면에 대놓고 비판적인 내용을 전달해서일까? 아니면 그 사람의 지성이나 자존심을 건드려서일지도 모르겠다. 샌더스는 좀 놀라는 눈치였다. "제가 뭘 잘못 알고 있습니까?" 이러면서 대화를 시작했고, 그쪽에서 애초 얘기한 5분을 훌쩍 넘겨 30~40분은 대화했던 것 같다. 끝나고는 화기애애하게 사진도 찍었다. 나름 한반도 평화 문제, 남북 관계의 특수성을 열심히 설명했지만, 짧은 시간에 샌더스가 얼마나 이해했을지는 모르겠다.

당시 하와이 하원의원 털시 개버드와도 만났다. 하와이에 탄도미사일 위협이 있으니 즉시 대피하라는 공습경보가 울려 사람들이 패닉에 빠졌었던 때다. 경보는 실수였지만 사람들은 공황에 빠질 정도로 큰 충격을 받았다. 트럼프 행정부와 북한 간의 긴장 상황에 대한 불만도, 그만큼 관심이 많았던 때이기도 했다. 그래서인지 털시 개버드는 한반도 상황과 북미대화 및 종전선언 가능성에 대한 우리 견해에 관심이 있었다. 그 털시 개버드 의원이 최근에는 트럼프 정부 국가정보장이 됐으니 참 묘한 일이다.

미국 정치인들을 만나고 나니, 샌더스에 조금 실망하기도 했지만 미국에 오길 잘했다는 생각이 들었다. 미국 정치도, 한국 상황에 대해 진보니 보수니 딱 잘려 정해져 있는 것이 아니고 누가 어떤 정보를 어떻게 취합하느냐에 따라 달라질 수도 있겠구나 싶었다. 그런 것에 비해 미국이 우리에게 미치는 영향이 오죽 큰가. 외교가 그래서 중요하다는 생각과 함께, 우리 노동자 민중의 목소리는 미국으로 전달되기 매우 어렵겠다는 생각도 들었다.

당시 미국 의회 전문지인 '더 힐'에 "한반도 평화를 위해 미의회의 역할을 기대한다"라는 글을 기고했다. 미국 중심으로 해석되고 있는 왜곡된 북미 관계 역사에 대해 조금이라도 다른 정보, 다른 시각이 전달되길 바랐다.

동포들의 깊은 마음을 느끼며

○ ○ ○

그때 미국에 간 우리를 위해 동포들이 애를 많이 썼다. 미국 내에서 계속 활동해 오고 있던 동포들이 아니었다. 한국의 작은 정당이 미국 의회 사람들을 만나기조차 쉽지 않았을 것이다. 우리는 동포들 집에서 머물기도 했다. 예전에 독재 반대 운동, 민주화운동을 하며 감옥에도 다녀오고, 이제는 그만하고 싶다고 모든 것을 정리하고 해외로 나왔다는 분도 계셨다. 그러나 밖에서 보니 한국의 현실이 더욱 도드라지고, 더 미안하고 죄책감이 들더란다.

동포들은 미국에 건너와 택배 일도 하고, 네일아트도 하고 그렇게 일하며 자리를 잡으셨는데, 그러면서도 한국을 위해 할 수 있는 것들을 찾아서 하고 계셨다. 이민 2세, 3세로 자라며 고국 문제에 관심을 두게 된 동포들도 있었다. 친할머니가 해방 직후에 학살당한 아픈 역사가 있는 분도 계셨고, 미국 내에서 소수자 문제나 인권 운동가로 활동하는 분도 계셨다.

미국이 차지하는 영향력은 클 수밖에 없고, 우리는 여기서 한국을 위해 할 수 있는 것을 하려고 한다는 그 마음이 너무 깊었다. "해외 나와서 더 애국자가 됐다"라며 웃으시는 표정이 밝았다. 해외 곳곳에서 독립운동하던 선조들이 그랬을까.

요즘도 투표 때면 해외 동포들 투표 인증이 화제가 된다. 한 표를 찍기 위해 미리 신청을 하고 열 몇 시간씩 운전하고, 비행기를 타면서 한 표를 행사하는 동포들이 있다. 우리나라의 민주주의는 이런 분들의 소중한 마음으로 빚어지고 있다는 것을 잊지 않아야 한다는 깨달음을, 미국에서도 한번 느낀 계기였다.

그 동포분들의 도움으로 인권운동가 제시 잭슨 목사를 한국에 초청한 적도 있었다. "당신은 평화를 만드는 정치 지도자인가요"라는 특강으로, 국회의원 연구단체 주최로 치르는 큰 행사였다. 이인영, 나경원, 추경호 등 쟁쟁한 의원들이 함께하는 연구 포럼이었는데, 내가 제시 잭슨을 초청하겠다고 하니 이인영 의원 등이 놀라워했던 기억이 난다. 그다음 해에도 북미 하노이 회담을 앞두고 재차 미국을 방문해 미국 의회와 정책연구소를 만났다. 제프 머클리 연방 상원의원 등을 만나고 미국의 맨스필드 재단에서 한반도 평화를 주제로 강연도 했다.

평생, 내가 미국에 가서 미국 의원들에게 한반도 평화를 설명하는 일을 하리란 생각은 해 본 적이 없었다. 자기 일처럼 발 벗고 나서주신 동포들 덕분이었다. 이제 막 시작한 작은 정당인 '민중당'에 대한 그분들의 애정과 실천 덕분이었다.

동포 몇 분이 제시 잭슨과 함께 한국을 찾았을 때 울산 동구로 초청할 기회가 있었다. 대왕암을 보여드리며 여기가 제가 뿌리내리고 있는 울산이라고 소개했었다. 그렇지만 일정이 맞지 않아 고국에서 진한 이야기는 나누지 못했다. 그렇게 훌쩍 몇 년이 지난 셈이다. 이후에 한국에 또 얼마나 많은 일이 있었는가. 내란의 밤, 그분들은 인터넷으로 고국 소식을 보며 얼마나 맘 졸이셨겠는가. 기회가 된다면 다시 한번 그분들을 초대해, 우리의 민주주의에 관해 밤새 이야기 나누고 싶다.

한국에서 만난 트럼프

◦ ◦ ◦

정작 트럼프는 한국에서 만났다. 한국 방문을 한 트럼프가 국회에서 연설하기로 했다. 박근혜 당시 '나와라 최순실' 피켓을 들어 이미 예의 주시 대상이 되었던 걸까. 사람들이 이번엔 어떻게 할 거냐고 묻기 시작했다. 기자들도 물었고, 동료 의원들도 물었다.

정세균 국회의장은 직접 만나자고 연락이 왔다. 이번만 좀 넘어가 주면 안 되겠냐는 것이다. 뭐라고 했겠나. 그저 "알겠습니다. 알아서 잘하겠습니다." 이렇게 답할 수밖에 없었다.

우려하는 목소리들도 있었고, 그래도 한국에 온 손님인데 피켓시위가 맞느냐는 의원들도 있었다. 그렇지만 트럼프가 알 건 알아야 하지 않나. 최소한 한국에 이런 목소리가 있다는 것, 이런 국회의원도 있다는 것만큼은 알려야겠다는 생각이 확고했다.

무슨 피켓을 들어야 하나 고심했다. 사드도 문제였고, 방위비 분담금도 문제였다. 트럼프한테 하고 싶은 이야기가 한두 가지가 아니었다. 윤종오 의원과 상의한 끝에 평화를 지지하는 간절함을 보여주자고 했다. 그렇게 〈NO WAR We want PEACE〉 피켓을 들었다.

그랬던 트럼프가 다시 대통령이 되고, 한국에 어마어마한 관세 폭탄을 던지고, 한국을 쥐락펴락하는 모습을 보니 한층 씁쓸하다. 3,500억 달러 투자를 강요하는 것이 날강도가 아니고 무엇인가. 그런데 민주당조차 제대로 된 비판 목소리를 내지 못하고 '어쩔 수 없다'라는 분위기로 흐르고 있는 것은 더욱 심각하다고 생각한다. 아무리 생각해 봐도 그냥 용인할 관세 협상 내용이 아니다. 미국을 당장 거부할 수 없다는 현실을 이해 못 하는 것은 아니다. 그렇지만 이렇게 조용히, 가만히 앉아 '알겠습니다'라고 하는 걸로 정말 괜찮은가?

그래서 동구청 외벽에도 '3,500억 달러 미국이 아닌 국내 일자리에 투자하라'는 현수막을 걸게 됐다. 정말 그 돈을 국내 일자리에 투자한다고 생각해 보라. 상상 그 이상의 경제 활성화를 이룰 수도 있다. 언론사에 기고글도 하나 보냈다. 제조업 도시의 구청장으로서, 이 관세 협상이 가져올 파장에 대한 우려, 그리고 지금이라도 새 설계가 필요하다는 호소였다.

나의 피켓 하나, 현수막 하나, 글 하나가 당장 무엇을 바꿀 수 있다고 기대하지는 않는다. 그렇지만 나는 늘, 지금 내 행동이 사람들의 마음에 불을 지필 수 있는 불쏘시개라도 될 수 있기를 기대한다. 그런 불쏘시개가 되는 일에 지치지 않는 것이 진보 정치의 한 걸음 한 걸음이라고 생각한다.

서울대병원을 지키던 그 밤

최루액 물대포에 쓰러진 백남기 어르신

○ ○ ○

국회에 출근한 지 얼마 안 되던 여름, 백남기 어르신이 위독하시다는 소식이 전해졌다. 2015년 겨울, 박근혜의 폭정에 맞서 서울로 온 농민들. 박근혜의 대선 시절 공약인 쌀 수매가 인상을 외치러 모인 농민들에게, 경찰은 물대포와 최루액을 쏟아부으며 공격했다. 하얀 최루액이 바닥에 번지던 그때, 맨 앞에 서 있다가 최루액 섞인 물대포를 맞고 쓰러진 백남기 어르신. 대포처럼 쏟아지는 강한 물대포 줄기에 맞아 넘어지는 모습의 영상을 보며, 그 날밤의 최루액과 물대포를 기억하며, 주변 사람들은 하나같이 그렇게 말했다.

"내가 거기에 있어야 했는데, 내가 그 물대포를 대신 맞아야 했는데…."

민주화운동을 하고 거리에서 싸워본 우리 모두 같은 마음이었다. 백남기 어르신의 사건은 단순한 사고나 안타까움이 아니었다.

9월 말 결국 백남기 어르신이 돌아가셨다. 안타까움도 잠시였다. 돌아가는 분위기가 이상했다. 경찰이 병력을 배치하고 시신을 부검하겠다는 것이다. 이상했다, 수상했다. 물대포에 맞아 쓰러져 그 길로 병원에 실려 가 300여 일 동안 버티다 돌아가셨는데 왜 부검을 하겠다는 것인가. 유족도 반대했고, 전문가들도 의심했다. 지병이 있었다고 발표하려는 것 아니냐고 했다. 그리고 당시 서울대병원 원장은 박근혜 대통령 주치의였다.

사람들이 불안해하지 않을 수 없었다. 백골단 곤봉에 맞아 돌아가신 연세대 노수석 열사는 부검으로 '심장마비'라는 소견을 받아 명예 회복이 늦춰졌었고, 백골단이 영안실 벽을 뚫고 한진중공업 박창수 열사의 시신을 탈취해 가는 장면이 선명하게 우리 기억에 남아있다. 경찰이, 정권의 입맛에 맞추기 위해 죽은 사람의 마지막마저 조작하던 것이 한두 번이 아니다.

거센 반발에도 경찰은 강제로 부검 영장을 집행하겠다며 경찰을 배치했다. 그때부터 서울대병원 장례식장과 영안실은 치열한 대치 현장이 되었다. 백남기 어르신의 마지막을 지키기 위해 학생과 노동자, 시민들이 쇠사슬로 서로를 묶어가며 밤을 지새웠다.

서울대병원으로 출퇴근하며, 백남기 어르신과 시민을 지키던 밤

그때 국회는 국정감사 중이었다. 일 년 중 국회가 가장 바쁜 때라지만, 내 신경은 온통 서울대병원으로 가 있었다. 저녁이나 밤에 감사가 끝나면 병원으로 가 밤을 새우고, 다시 아침에 국회로 왔다. 경찰에도 분노했지만, 거기 모인 사람들도 걱정이었다. 당시 영안실로 들어가는 골목은 매우 좁고, 내리막이었다. 거기에 사람들이 빽빽하게 모여 팔짱을 끼고 앉아 몸으로 길을 막았다. 자칫 경찰이 무리하게 진압하면 큰 사고가 날 수도 있는 상황이었다. 나라도 가서 현장을 지켜야 한다, 국회의원이 있으면 그래도 사람들을 지키는 데 낫지 않겠는가, 사람이 더 다치면 안 된다, 그런 생각뿐이었다. 매일 밤 병원을 찾아 사람들의 안부를 살피고, 기회가 될 때마다 경찰 및 병원 관계자와 대화했다. 무리하게 부검할 것이 아니라 육안 검시를 하자고 해 내가 입회하기도 했다.

다행히 시민들의 분노와 간절함으로 경찰의 병원 침탈, 강제

부검을 막아냈다. 그렇게 백남기 어르신을 지켜내고, 40여 일 만에 장례식을 치를 수 있었다. 쓰러지신 지 1년이 되어가는 날이었다. 광화문 광장에서 열린 영결식에 무대에 올라가 마지막으로 인사를 드렸다.

"거짓 권력은 이제 민중의 심판을 받을 것입니다. 추모를 넘어 당신의 긴 싸움을 마무리 짓겠습니다. 우리 한 사람 한 사람이 백남기가 되어 다시 여기로 모일 것입니다. 그날은 선생님도 하늘 위에서, 우리 수백만의 백남기를 바라봐주십시오."

일주일 뒤에 우리는 백남기가 되어 다시 민중총궐기를 열었다. 노동자와 농민이 열어낸 그 광장이, 박근혜 퇴진의 바람을 모아냈다. 그 바람이 거대한 폭풍이 되어 박근혜 정권을 끌어내렸다.

박근혜 바로 앞에서 '나와라! 최순실'

○ ○ ○

박근혜 게이트가 불거지고, 최순실 비선 실세 의혹이 한창이던 때였다. 박근혜가 국회에 시정연설을 하러 온다고 했다. 박근혜에게 뭐라도 한마디 해야 했다. 의원실 식구들이 머리를 맞댔다. 국민이 분노하고 있으니, 피켓시위를 하자고 마음을 모았다. 그럼 무슨 구호를 들 것인지 고심이 이어졌다.

최순실에 대한 논란은 시작됐지만 아직 JTBC 태블릿 보도처럼 확증이 있지는 않은 때였다. 국회의원인데 좀 더 확실해진 다음에 주장해야 하는 것 아니냐는 의견도 있었다. 통합진보당 출신인 의원으로서 자칫하면 더 정치적으로 고립되는 것 아니냐는 우려도 있었다.

그렇지만 이왕 할 거면 시원하게 해야겠다 마음을 먹었다. 지금 국민이 궁금하고 답답한 건 비선 실세 최순실 아닌가. 그 목소리를 대변해야겠다 싶었다. 국회의원을 왜 하겠는가. 국민이 말하고 싶은 것을 대변하기 위해서 아니겠는가. 국민이 박근혜를 만나면 묻고 싶은 것을 물어야 했다. 그리고, 백남기 어르신 사고를 계기로 박근혜 정부에 대한 분노가 쌓여가던 때였다. 그 응축된 분노가 곧 터져 나오리라 생각했다. 그때까지는 촛불 집회가 그렇게 거세지고, 박근혜를 탄핵할 수 있으리란 생각까지는 못 했지만 말이다.

마침, 그 전에 서울 시내 전역에 '나와라! 최순실'이라는 현수막이 나붙어서 술렁이고 있기도 했다. 박근혜의 아킬레스건이 되리라고 생각했다. 그래서 '나와라! 최순실' 구호로 피켓을 준비했다. 마침 자리가 좋았다. 대통령의 시정연설은 본회의장에서 하는데, 무소속에 초선의원이고 의원 중에서 젊은 편이던 내 자리는 본회의장 맨 앞자리였다. 박근혜가 바라볼 수밖에 없는 자리였다. 자리에 서서, 앉아서, 박근혜가 연설하는 내내 피켓을 잘 보이게 들었다.

언론의 관심이 쏟아졌다. 다른 의원들도 피켓이나 현수막을 들었지만, 언론들 초미의 관심사이던 '최순실'을 언급한 것이다 보니 더 많이 주목받았다. 그날 밤에도 서울대병원에 갔는데, 사람들이 통쾌했다, 잘했다 칭찬해 주었다. 그제야 내가 국회의원인 걸 알아보는 사람도 있었다. 아 이런 거구나, 국민이 하고 싶은 말을 용기 내서 해야 하는 거구나 싶었다.

그날 밤, JTBC의 그 '태블릿 보도'가 나왔고, 촛불이 불붙었다.

박근혜에서 윤석열까지, 정치가 국민 수준에 부응한다는 것은

∘ ∘ ∘

처음부터 박근혜 탄핵이 가능하리라고 생각한 국회의원은 없었다. 윤석열 퇴진과 탄핵이 필요하다고 생각했지만, 계엄군까지 동원해 내란을 일으키고, 또 그것을 국민이 진압해 내리라 상상한 사람도 없었을 것이다. 이것이 결국 역사의 힘이고, 국민이 가진 힘이다.

그렇지만 언제까지 국민에게만 기대겠는가. 박근혜 탄핵 당시 국회의원을 하고 있었고 탄핵 이후에도 정치 한복판에 있었던 나도 대통령 하나 바뀐다고 세상이 금세 달라지지 않는다는 것을 뼈저리게 느꼈다. 특히 정치도 그렇다. 국민이 모든 것을 걸고 거리에서 외칠 때는 그에 부응하는 것 같다가, 국민이 일상으로 돌아가면 그제서는 자신들 정치적 이해타산만 앞세우는 모습을 너무도 많이 봤다.

정치인 개개인만의 문제는 아닐 것이다. 훌륭한 정치인도 많이 만났고, 내가 그리 잘난 정치인이라고 생각하지도 않는다. 다만 부단히 국민의 이야기를 듣고, 국민을 대변하는, 무엇보다 위대한 국민 수준에 맞는 정치를 하기 위해 노력해야 한다는 생각뿐이다.

내란의 밤, 국민에게 목숨을 빚진 정치인으로서 더욱 국민께 헌신, 봉사해야겠다는 원칙적인 마음을 다질 뿐이다.

박근혜가 국회에 왔을 때 '나와라! 최순실' 피켓을 들었고, 국민이 속 시원해하셨다. 국민이 하고 싶은 말을 대변하는 정치인이 되어야겠다고 생각했다.

백남기 어르신을 보내드리던 영결식에서

미국에서 버니 샌더스 의원을 만나 한반도 평화를 위한 역할을 당부했다.

트럼프의 관세에 항의하는 현수막을 구청에 걸었다.

울산의
미래

AI 시대와 일자리

바람이 일으키는 울산의 미래

잃어버린 이동권, 공공 교통은 가능하다

돌봄 도시 울산을 상상한다

시민에게 권력을

AI 시대와 일자리

기업하기 좋은 나라? 좋은 일자리가 많은 나라!

○ ○ ○

지난 10년간 나의 가장 큰 고민은 줄어드는 일자리 문제였다. 현대중공업 건물 외벽에는 큰 글씨로 이런 글이 붙어있다. "우리가 잘되는 것이 나라가 잘되는 것이며, 나라가 잘되는 것이 우리가 잘될 수 있는 길" 이렇게 활황일 때는 노동자와 회사, 나라가 운명 공동체라고 말하더니, 불황이 닥치니까 노동자를 버렸다. 아니, 불황을 앞세워 사람을 버렸다. 다시 조선 경기가 좋아져도 정규직 일자리를 만들지 않고 있으니 말이다.

조선업이 불황을 겪던 2015년부터 2021년까지 2만 7천 명의 주민이 울산 동구를 떠났다. 현대중공업을 건설하기 위해 첫 삽을 뜬 때부터 40~50년 공장을 지켜온 노동자가 눈물을 흘리며 떠나갔다. 그때 중공업 노동자들이 참 많이 울었다. 억울하다고 했다. 서럽다고 했다. 나는 이들을 붙잡을 방법이 없었다. 그저 곁에서 싸우거나, 함께 소주잔을 기울이거나, 어느 밤 전화기를 붙들고 쏟아내는 이들의 통곡 소리를 듣는 것뿐이었다.

울산 일자리의 근간, 제조업의 일자리가 확연히 줄어들고 있다. 현대중공업 노동조합만 봐도 조합원 수가 3분의 2로 줄어들었고 2024년 현대자동차 조합원 수는 처음으로 4만 명대 이하로 줄었다. 매해 2천 명 이상이 정년퇴직을 하고 있지만 정규직으로 새로 취업하는 인원은 6백에서 8백 명 수준이다. 한국제조업에 종사하는 사람은 5백만 명대에서 4백만 명대로 약 1백만 명이 줄어들었다.

기업이 어려울 때 정부는 아낌없이 지원하지만, 노동자의 일자리가 사라질 때는 외면한다. 이것이 '기업 하기 좋은 나라'의 진 모습이다.

바꿔야 한다. 나는 제조 도시의 위기는 제조업 경기 때문이 아니라, 호황기에는 사람을 쥐어짜는 성장을 용인하고, 불황기에는 해고를 방치하는 정부의 태도 때문이라고 생각해 왔다.

울산을 AI 수도로? 달의 앞 뒷면을 다 봐야 한다

◦ ◦ ◦

AI 붐이 일고 있다. 이재명 대통령은 AI 대전환이 우리 경제의 유일한 선택지라고 강조한다. 이런 붐에 발맞춰 지난 6월 울산 AI 데이터센터가 출범했다. 대통령은 기업 관계자들이 지켜보는 가운데 "과감한 세제 혜택과 규제 혁신"을 약속했다. 울산시 또한 산업 수도 울산을 AI 수도로 만들겠다고 한다.

나는 기술 발전과 산업 생태계 변화에 발 빠르게 대응해야 한다는 데 공감한다. 기술 발전은 인간을 어렵고 힘든 노동, 위험한 노동으로부터 해방해 줄 것이다. 적극적으로 대비하는 것도 필요하다.

하지만, 지구에서 보이는 달이 달 전부가 아니듯, 달의 뒷면을 보이지 않는 것으로 취급하는 태도는 신뢰할 수 없다.

기업인과 정치인은 바라보는 곳이 달라야 한다. 기업인은 기술혁신을 통한 이윤 창출을 추구하고 희열을 느끼는 것이 마땅할지 모르지만, 정치인은 기술의 발전과 산업생태계 변화가 평범한 사람들의 부와 행복을 늘릴 때 기뻐해야 한다.

AI 데이터센터는 '단위 면적당 가장 적은 일자리를 창출한다'라는 불명예스러운 평판을 품고 있다. 데이터센터 건설에는 컴퓨터와 돈이 많이 들어가지만 이를 운용하는 데는 극히 적은 사람만 필요하기 때문이다.

울산시 발표에 따르면 울산 AI 데이터센터는 건설 단계에서 약 1,000개의 일자리를, 운영 단계에서는 약 140명의 상시 고용 창출 효과를 가져올 것이라고 한다. 물론, AI 기술 접목을 통한 산업 파급 효과로 30년간 약 7만 8천 명 이상의 고용 창출을 목표로 하고 있다고 하지만 분명한 것은, AI 기술은 일자리 총량을 줄일 것이라는 점이다. 한국무역협회는 2030년까지 제조업계의 36%가 AI 기술을 도입할 것으로 전망하며, 단순 생산직 일자리는 감소할 것이라고 했다.

울산은 제조업의 중심지이다. 제조업 노동자가 사라진 울산은 어떻게 될까? 기계는 생산성을 높여줄 수 있다. 하지만 기계는 소비하지 않는다. 기계는 세금을 내지도 않는다. 기계는 자녀를 키우고 부모를 돌보지 않는다. 지금 모두가 AI가 가져다줄 장밋빛 미래를 홍보하는데 여념이 없다. 그러나 지역경제와 공동체의 미래는 마냥 밝은 것은 아니다.

기술의 발전으로 사라지는 일자리, ‘사회적 지능’이 필요하다.

○ ○ ○

기술의 발전으로 사라지는 일이 있다. 버스 안내원이 대표적이다. 과거에는 버스에 전자 장비가 없었기 때문에 각 정류소를 알려주는 사람이 필요했지만, 이제는 사라진 일이다. 이런 일을 '기술적 실업'이라고 한다. 인공지능과 기술적 실업에 대응한 새로운 일자리, 일의 방식을 함께 고민해야 한다. 한마디로 '사회적 지능'이 필요한 시대다.

이것이야말로 사회적 필요와 사람의 삶을 고민하는 책무를 지닌 정치의 일이며, 정치가 기업을 견인해야 하는 일이다. 그동안 우리 정치는 이런 고민을 먼저 하는 대신 기업에 투자하고, 기업을 살리는 것으로 자신의 책무를 다했다며 만족해 왔다. 그 결과 대규모 구조조정과 해고로 얼마나 많은 노동자들이 상처받고 심지어 목숨까지 끊었던가.

얼마 전까지는 4차 산업혁명으로 떠들썩했다. '혁명'이라는 거창한 이름이 붙여졌지만, 플랫폼 기업만 돈을 벌었을 뿐이다. 택배 노동자는 과로사하고, 소상공인은 높은 중개수수료에 고통받고 있지 않은가.

일은 사람이 하는 것이고 일자리는 그야말로 사람 자리다. 일자리를 잃으면 사람이 설 자리가 사라지고, 사람 자리는 폐허가 된다. 나는 한평생 노동자와 살아오며 그들의 일과 삶, 해고와 생존을 지켜봐 왔다. 일자리는 밥줄이기도 하지만 인간의 존엄 문제이며 사회공동체가 어떻게 존속할 수 있는지의 문제이기도 하다. 사람에게 일이란 그런 것이다. 일자리를 고민하는 것, 좋은 일자리를 만드는 것은 사회공동체 모두의 의무여야 한다. 나 혼자의 생각도, 진보당이 억지스러운 주장을 하는 것도 아니다. 우리 헌법에 있는 내용이다.

> 대한민국 헌법
> 제32조 제1항 '모든 국민은 근로의 권리를 가진다'
> 제2항 '모든 국민은 근로의 의무를 진다'

헌법 32조를 외면해 온 정치인, 정당에 묻고 싶다. 왜 일자리가 사라지는 것을, 사람들이 회사로부터 버림받는 것을 당연시하는가.

좋은 일자리가 있는 '젊은 울산'을 꿈꾼다

지역 청년 문제의 핵심도 일자리다. 청년들은 일자리가 없어 지역을 떠나 수도권으로 가고 있다. 정확히 말하면 좋은 일자리가 없어서다. 조선업은 2022년 이후 불황을 벗어났고, 지금은 확실한 호황기를 누리고 있다. 현대중공업은 2025년 올해 3분기까지 1조 4천억 원이 넘는 영업이익을 기록하고 있다. 하지만 조선산업에 필요한 인력은 저임금 외국인 노동자로 충원되고 있고 안정적인 일자리를 구하지 못해 힘겨워하는 청년들에게는 여전히 좁은 문이다. 청년들이 조선업 일자리를 꺼려서 외국인 노동자가 들어오는 것으로 생각하시는 분도 있겠지만 내가 만나본 청년들은 그렇지 않았다. 언제 폐업할지 모르는 협력업체, 임금도 예전만 못한 조건인데, 이런 일자리로는 가정을 꾸릴 수도 미래를 그릴 수도 없다고 하소연한다. 최근 현대자동차 생산직 채용에 엄청난 인원이 몰리는 것을 보면 청년들의 바람이 어디에 있는지 알 수 있다.

50년 전 전국의 청년이 일자리를 구하려고 울산으로 몰려들었다. 변변한 기술이 없었지만, 철판을 자르고 붙이며 배를 만들었고 그 과정에 세계 최고의 기술이 축적됐다. 대한민국 조선업은 이들의 기술로 세계 1등이 되었다. 제조업이 튼튼하지 않은 국가는 미래를 장담할 수 없다. 지금 미국이 그렇지 않은가? 한때 세계를 기술로 이끌던 국가였지만 제조업을 등한시한 결과 이제 우리에게 자신의 나라에 조선업을 부활시켜 달라고 하고 있다.

우리 조선업이 경쟁력을 유지하려면 높은 기술력을 유지해야 하고, 이를 위해서는 미래를 책임질 청년들이 현장 기능 인력으로, 지속적으로 충원돼야 한다. 조선업종에서 청년 고용을 확대하는 것은 울산의 존망과도 직결되는 문제다. 청년 일자리가 늘어나지 않으면 청년들은 울산을 빠져나갈 것이고 지역은 소멸 위기를 직면하게 된다. 조선업 청년 일자리 확대를 위해서는 외국인 위주의 단순 인력 고용 방침이 변해야 한다. 정부도 이를 위해 노력해야 하고 사회적인 공감대가 형성되어야 한다.

3대 산업의 변화, 울산형 '경제일자리전략센터'를 꿈꾸며

◦ ◦ ◦

울산은 자동차, 조선, 석유화학 3대 주력산업을 기본으로 하고 있다. AI 대전환 그리고 친환경에너지로의 전환 과정은 3대 주력산업에 거대한 변화를 불러올 것이다. 변화를 거부할 수도, 변화를 그냥 지켜만 봐서도 안 된다.

정치는 질문을 놓지 않아야 한다. 평생 자동차, 조선, 석유화학의 3대 산업을 성장시켜 온 노동자의 미래는 어떻게 할 것인가? 변화하는 산업생태계에 적합한 인재는 어떻게 키울 것인가? 여성 일자리 최하위에 돌봄, 의료, 교육 등 사회 공공서비스 분야는 전국 꼴찌 수준인 도시를 그대로 둘 것인가?

그래서 나는 울산형 '경제 일자리 전략센터'를 상상한다. 울산에서부터 주4일제를 도입할 방법, 제조업에서 새로운 양질의 일자리를 만들기 위한 방법, 공공 돌봄 일자리를 늘리고 울산이 함께 살아갈 수 있는 일자리 정책을 고민하고 창출하는 것이다. 새로운 산업에 필요한 일자리를 채울 인재를 키우기 위한 훈련, 제도, 지원 정책을 패키지로 하는 울산형 고용안정

전략, 울산형 평생학습 체계도 수립해야 한다. 기술 발전에 따른 직무 전환과 전직에서 소외되지 않는 노동 안전망을 구축할 수 있다.

그리고 노사민정의 비약적인 역할을 기대한다. 그동안 지역 노사민정협의회는 기업 중심으로 진행된다는 비판에서 자유롭지 않았다. 행정이 키를 쥐어야 한다. 공정하고 평등한 참여를 당사자들에게 보장하고, 균형 잡힌 정책을 추진해야 한다. 이해당사자를 설득할 힘과 기능을 갖고 있는 것이 행정이다. 그 힘으로 지역 경제, 산업, 일자리, 노동과 관련된 모든 주체가 함께 계획을 수립하고 추진해야 한다. 노동자와 기업, 지역 주민의 힘을 모아 새로운 일자리를 형성하기 위한 합의와 노력을 끌어낼 수 있을 것이다.

'AI 수도 울산'을 캐치프레이즈로 내거는 정치인들이라면 새로운 일자리와 공동체를 발전시키기 위한 획기적 방략도 함께 내놓아야 한다. 이것은 의무이며, 또 가능하다. 허허벌판에서 배도 만들었는데 머리를 맞대고 문제를 해결하기 위해 노력한다면 못 할 것도 없지 않겠는가?

바람이 일으키는 울산의 미래

말뫼의 눈물, 노동자의 피눈물

◦ ◦ ◦

말뫼라는 도시 이름을 기억하게 된 것은 아이러니하게도 박근혜 전 대통령 때문이다. 내가 막 국회의원이 되어 참석한 20대 국회 개원 연설에서 박근혜는 "스웨덴 말뫼의 세계적인 조선업체 코쿰스가 문을 닫으면서 골리앗 크레인이라 불리던 핵심 설비를 단돈 1달러에 넘긴 '말뫼의 눈물'이 우리의 눈물이 될 수도 있음을 알아야 한다"라고 말했다. 지금 조선업이 어려우니 인력을 감축하고, 구조조정을 해서라도, 경쟁력을 확보해야 한다는 말이었다.

말뫼의 눈물은 스웨덴 조선업의 상징 크레인을 넘기던 날,

우울한 도시의 분위기를 묘사한 '말뫼가 눈물을 흘렸다'라는 기사에서 시작된 말이다. 그러나 말뫼의 눈물을 강조한 박근혜는 노동자의 피눈물은 보지 못했다. 사필귀정이라 했던가? 노동자의 목숨을 파리목숨 취급하던 박근혜는 국정농단으로 탄핵당했고, 말뫼는 이미 눈물을 벗어나 새로운 변화를 추진하고 있었다.

크레인이 떠난 자리에는 재생에너지 100% 건물이

◦ ◦ ◦

말뫼는 스웨덴 남부에 있는 항구도시다. 우리 동구처럼 조선산업으로 발전했던 도시였지만 조선업 퇴보로 쇠락의 길을 걷게 됐다. 나도 동구 조선업과 경제의 미래를 고민하며 스웨덴을 방문했다.

말뫼는 20년 전 장송곡을 틀며 울어야 했던 도시가 아니었다. 세계인이 부러워하는 친환경 에코 도시, 연구 개발 도시, 신재생에너지 도시가 되어 있었다. 말뫼의 변화는 코쿰스 조선소가 문을 닫는 순간 시작되었다. 말뫼는 '내일의 도시' 운동을 벌였다. 지역 건물에 필요한 모든 에너지를 100% 신재생에너지로 대체하는 것을 목표로 삼고, 첨단 IT 및 친환경 도시로의 전환을 시작했다. 건물 옥상에는 태양열·태양광 패널을 설치하고 집집마다 음식물 분쇄 장치를 설치해 음식물 쓰레기로 바이오 에너지를 마련했다.

말뫼 서쪽 해안에는 대형 해상풍력발전단지가 들어섰고, 여기서 만들어지는 에너지가 1만 3천 가구의 전기를 책임지고 있다. 떠나보낸 대형 크레인이 있던 자리에는 '터닝 토르소'라는 재생에너지 건물을 세웠다. 건물 전체가 풍력단지의 전기와 건물 벽면의 태양광, 옥상의 빗물, 땅속의 지열을 활용한 100% 재생에너지로 움직인다. 파격적인 실험도 아끼지 않았다. 자동차 도로를 없애고 지상의 도로는 보행자와 자전거만 다닐 수 있도록 했다. 내가 말뫼에서 얻은 가장 큰 영감은, 에너지의 전환이었다.

에너지 인프라가 미래를 가른다

∘ ∘ ∘

울산은 대한민국이 산업화 시대로 들어설 때 필요한 모든 산업의 집약지이며 출발지였다. 자동차, 조선, 석유화학의 3대 주력산업을 기반으로 경제 성장과 발전을 중단없이 이뤄냈다. 1962년 공업지구 지정 당시 울산 인구는 8만 5천 명이었지만 제조업으로 성장하면서 지금은 약 112만 시민이 살고 있는 광역시가 되었다. 제조업 기반의 튼튼한 산업구조를 등에 업고 울산은 1인당 국민총생산 1위, 1인당 개인소득은 서울에 이은 2위를 차지하고 있다.

지금까지 울산이 제조업을 중심으로 한 산업 수도의 역할을 해온 것에는 안정적인 에너지 공급이 매우 큰 역할을 해 왔다. 울산 전체 에너지 소비량의 90%가 산업용이다. 산업용 에너지 소비 비중 전국 평균이 63%이니 비교하면 울산이 압도적으로 높다. 이 많은 에너지는 어디서 나오는 걸까? 바로 원전과 LNG다. 둘이 합쳐 97.3%의 에너지를 생산하고 있다.

세계적으로 산업 발전에서 가장 큰 위기는 기후 위기다. 많은 글로벌 기업들이 RE100을 표방하며 제품 생산에 재생에너지를 쓰겠다는 약속을 하고 있다. 핵발전과 LNG 위주의 에너지 정책은 한계가 뚜렷하다. 무엇보다 기후 위기 시대에 더 이상 미래가 없는 정책이다. 재생에너지와 친환경이 새로운 '무역 면허'가 되는 시대로 진입한 것이다. 에너지를 쥐는 자가 미래를 쥐게 될 것이다.

울산도 기회가 있었다

◦ ◦ ◦

울산도 기회가 있었다. 일본의 후쿠시마 원전 사고와 경주 지진 등으로 국내에서 원전 사고나 방사능 유출에 대한 두려움이 커졌고, 핵발전 의존에 대한 비판적 목소리가 높았다. 2017년 6월, 국회의원일 때 윤종오 의원 및 탈핵울산시민행동과 함께 〈신고리 5.6호기 건설 백지화 이후 대안 토론회〉를 개최했다. 토론회를 준비하며, 나는 '부유식 해상풍력'을 대안의 하나로 제시했다. 수심 60미터가 넘는 깊고 먼바다에, 바람이 충분히 보장되는 곳에 풍력발전기를 설치하는 것이다. 이미 해외에서는 많이 도입된 사례가 있었고, 울산의 해양 조건에도 적절하다고 여겨졌다. 특히 울산에는 숙련된 해양플랜트 인력이 충분하니, 신산업 육성이 가능하다고 생각했다.

나 혼자만의 생각은 아니었던지 다음 해부터 울산에 부유식 해상풍력에 대한 시도가 시작됐다. 2018년 울주군 서생 앞바다에 국내 최초 부유식 해상풍력 시험용 발전기 설치 계획이 발표되고 연이어 부유식 해상풍력 발전 구상이 나왔다. 2021년에는 정부와 울산시, 그리고 투자사들이 대규모 부유식 해상풍력발전을 추진하는 구상을 밝혔다.

그러나 '신재생에너지' 사업은 2022년 지방선거 후 추진 동력을 잃었다. 바뀐 울산시는 재생에너지 사업에 소극적이었고 울산이 주춤하던 사이 대안지로 전남 신안이 떠올랐다. 신안은 정부가 추진하는 부유식 해상풍력 사업에 연이어 선정되며 추진 속도를 내고 있다. 그동안 울산은 여전히 원전과 LNG에 매달렸다.

“이 송전탑 다 서울로 가져가라”

◦ ◦ ◦

이재명 정부가 에너지 고속도로 정책을 추진하고 있다. 전국에 대규모 신재생에너지 송전선로를 구축해서 고속도로처럼 전기가 막힘없이 전국에 필요한 곳으로 전달하고, 지방에는 신재생에너지 생산 시설을 만들겠다는 ‘국가 성장 전략’이다. 하지만 에너지 고속도로는 지역 균형 발전에 역행한다. 지방에서 전기를 생산해 수도권으로 보내는 사업에, 국민은 수없는 갈등을 겪어왔다. 지역에 들어오는 거대한 송전탑은 지역 주민의 땅과 삶을 빼앗았지만, 그 전기는 수도권과 대기업으로 향했다. 지역의 산과 들, 생태계를 파괴하며 만든 전기는 서울로만 향했다. 주민들은 울부짖었다. “이 송전탑, 다 서울 가져다 지어라.”

신재생에너지 시대마저, 지방을 수도권에 에너지를 공급하는 생산기지로 만들어야겠는가. 오히려 지역 중심의 신재생에너지 산업을 활성화할 적극적인 기회다. 기후 위기 시대, 첨단 기업들은 자신들이 사용하는 전기가 재생에너지인지 화석연료인지 고객과 투자자들에게 증명해야 하는 시대다. 앞으로 신재생에너지가 있는 곳에 기업이 들어올 것이다. 그래서 지금은 에너지 고속도로가 아니라 ‘에너지 지산지소’를 말해야 할 때다. 지역에서 생산한 에너지를, 지역에서 소비해야 한다.

그런 측면에서 지금이야말로 울산에서 재생에너지 사업을

새로 시작해야 할 때다. 울산 앞바다는 풍황이 좋아 부유식 해상풍력에서 세계 최고 수준의 입지를 갖고 있다고 한다. 현대중공업을 필두로 해양플랜트에 대한 높은 기술력도 가지고 있다. 이것이 향후 울산의 신성장동력이 될 수 있을 것이다. 울산 앞바다에 대형, 약 6기가와트 규모의 부유식 해상풍력 발전단지를 조성하게 되면 21만 개의 일자리 창출과 930만 톤이 이산화탄소를 감축할 수 있다. 재생에너지가 필요한 기업의 유치도 촉진하게 될 것이다.

이제 남은 것은 새로운 도전, 결단이다. 부유식 해상풍력을 다시 적극적으로 추진해야 한다. 지금의 결정이 울산의 미래를 좌우할 것이다.

바람은 모두의 것, 이익도 시민에게

○ ○ ○

나는, 이 도전에서 더 큰 혁신을 이뤘으면 좋겠다. 울산의 신재생에너지 사업을 '울산 시민 모두의 공유 자산'으로 만들어야 한다. 지역에서 바람을 이용해 전기를 생산한다면 그 이익도 지역으로 돌아가야 하지 않겠나.

울산시 공공 재생에너지 공사를 설립하는 것은 어떨까? 신안의 햇빛 연금, 바람 연금처럼 수익의 일부를 시민들께 나눠

주는 것도 좋지만, 발전사업을 공공이 책임지고 여기서 창출된 에너지 기반 복지를 전면적으로 시행하는 것도 방법이다. 아직 과도기라고 본다면, 민간 발전사업자와 울산 에너지 공사가 위험과 이익을 공유하는 모델로 시작하는 것이 좋겠다. 그렇게 노하우가 쌓이고 기술이 발전한다면, 울산 에너지 공사와 한전이 함께 공공이 100% 지분을 갖는 해상풍력 단지도 추진할 수 있지 않겠는가.

바람이 울산의 미래를 일으키리라

◦ ◦ ◦

바람은 청년에게도 새로운 기회가 될 것이다. 지금 울산의 장년 세대는, 울산대학교와 울산과학대를 졸업해 울산의 자동차 조선 석유화학 기업에 취업하고 울산에서 인생을 꽃피웠던 경험이 있다. 앞으로 해상풍력 산업이 울산에 둥지를 틀게 된다면 해상풍력 전문 연구단지를 조성해 연구소와 대학원을 유치하고, 관련된 학과도 개설하게 될 것이다. 풍력 연구자, 기술자들을 양성하고 그들이 다시 울산에서 일하게 되며 울산의 미래를 책임질 것이다.

먼바다에서 힘차게 돌아가는 풍력발전기의 날개를 상상하며, 그 바람이 울산의 미래를 일으키는 상상을 해본다.

잃어버린 이동권, 공공교통은 가능하다

27년만의 버스노선 개편이 알려준 것

∘ ∘ ∘

울산시가 버스노선을 전면 개편한 지 1년이 지났다. 2024년 12월 21일 첫 개편 이후 시민들은 엄청난 불편을 겪고 있다. 노선을 보완한다고 4번에 걸쳐 미세조정을 했지만, 시민들의 불만은 여전하다. 특히 외곽 지역인 울주군, 북구, 동구가 심각한 불편을 겪고 있다. 간발의 차이로 버스를 놓치면 30~40분 기다리는 일은 예사가 되었다. 내가 아는 노동자는 새벽 출근하면서 버스 시간을 맞추기 어려워져 결국 다시 자가용을 사용하고 있다. 직장과 가까운 곳으로 이사를 생각할 정도로 스트레스가 심하다고 한다. 버스정류장에는 무슨 버스를 타야 하는

지 헷갈려하는 어르신들도 많다. 그러나 울산시는 불편을 불만으로 치부하며 시간이 지나면 잠잠해질 것이라 여기는 것 같다.

물론 울산시가 버스노선을 나쁘게 개편하려고 마음먹고 시작한 일은 아닐 것이다. 울산시 말대로 배차간격을 줄여 정시성을 높이고 주민 편의를 증진하고 싶었을 것이다. 울산시는 누누이 데이터에 기반한 노선 개편이라고 강조했다. 그러나 그 '데이터 기반'에는 맹점이 있다. 데이터에 담긴 정보는 어떤 버스노선을 시민이 많이 이용하는지, 사람이 많이 타지 않는 곳은 어디인지, 사람들은 어디서 타고 내리고 환승하는지 등일 것이다. 데이터를 기반으로 판단하니 버스 노선의 효율과 비용을 생각했을 것이고, 결국 많이 타지 않는 노선은 축소하거나 없애고 사람들이 많이 다니는 곳에 노선과 차량을 증편하게 된 것일 것이다.

나는 울산시가 버스노선을 개편하면서 해결해야 할 것이 무엇인지 이해하지 못한 채 일을 한 것이 문제라고 생각한다. 공공정책을 추진하면서 중시해야 할 철학과 가치를 무시해서 생긴 일이다. 서민에게 버스는 무엇인가? 대중교통 정책의 새로운 발전 요구는 무엇인가? 이 문제를 충분히 이해하지 못한 채 데이터, 효율, 비용에 집착한 것이 화근이라고 생각한다.

스위스는 버스가 '벤츠'라는데?

○ ○ ○

울산의 대중교통 수송 분담률은 전국 꼴찌 수준이다. 특광역시 중에서 유일하게 도시철도가 없기 때문이기도 하지만 시내버스가 제구실을 못 하고 있기 때문이다.

어떤 사람들은 울산은 1인당 국민소득이 높고, 또 현대자동차 공장이 있어서 쉽게 차를 구매할 수 있기 때문이라고 한다. 과연 그럴까? 대한민국보다 1인당 국민소득이 3배나 높은 스위스는 고급 자가용을 잘 타지 않는다고 한다. 왜냐? 버스가 '벤츠'니까! 모든 교통수단이 1분 단위로 연결되어 있어 자동차가 오히려 불편하기 때문이다. 스위스 사람들이 고급 승용차를 타지 않는 이유는 돈이 없어서가 아니라 굳이 그럴 필요가 없기 때문이란 소리다.

왜 대중교통 중심의 정책이 필요한가? 무엇보다 기후 위기 시대에 탄소 배출량을 줄여야 하기 때문이다. 운송수단별 1인당 탄소 배출량을 비교하면 버스는 자가용보다 탄소배출이 60%나 적다. 지금 울산은 탄소를 마구 뿜어내는 도시인 셈이다. 다음 세대에 어떤 도시를 물려줄 것인지는 우리의 책무다. 탄소 배출량을 줄이기 위한 공공의 책무를 외면해서는 안 된다.

그리고 이동권은 인권이자 기본권을 보장하는 필수 조건이다. 누가 버스를 이용하는가? 어린아이, 청소년, 어르신, 여성들이다. 자가용을 소유하지 않거나 못하는 사람들이 공부하고, 일하고, 사회적 교류를 하기 위해선 대중교통이 필수적이다.

대중교통 중심의 정책이야말로 사회적 비용을 대대적으로 절약할 수 있다. 이것이야말로 경제적 이득이다. 이미 사람들은 자동차 구입비, 연료비, 보험비, 세금, 주차비 등 엄청난 비용을 치르고 있다. 저렴하고 좋은 대중교통이 충분하다면 많은 이들의 비용이 절약될 수 있다. 버스를 비롯한 대중교통을 정부와 지자체가 관리하고, 세금을 넣어 유지시키는 이유도 그것에 있다.

생각해 보자. 울산의 노동자들이 자가용을 많이 이용할수록 좋은 것은 자동차를 파는 대기업과, 수많은 보험사와, 주차장을 갖고 있는 땅 주인이다. 반면 울산의 노동자가 자가용을 적게 이용할수록 좋은 것은 노동자의 가정, 그리고 무엇보다 깨끗한 도시에서 살아갈 우리 아이들이다.

시민이 버스노선을 결정한다면

◦ ◦ ◦

이번 버스노선 개편에서 사람들이 답답해한 것 중 하나는 울산시가 어떤 교통망을 구상하고 있는지 보이지 않는다는 것이다. 나도 여러 대중교통 연구자에게 물어봤지만, 노선을 들여다본

전문가들도 다들 갸우뚱했다. 답답한 시민들이 버스노선 개편을 둘러싼 배경이나 전망에 대해 시장과의 대화를 요청하는 집회를 열기도 했지만, 아직 울산시는 설명하거나 설득할 생각이 없어 보인다.

27년 만의 버스노선 개편인데, 시민과의 소통이 부족해도 너무 부족했다. 데이터만이 아니라 버스를 타고 생활하는 시민들의 의견을 더 들어야 했다. 노선이 다 결정된 후에 시민들에게 공지하고 의견을 듣겠다는 식의 공청회로는 시민들의 충분한 권리를 보장하기가 어렵다.

한발 더 나아간다면, 시민에게 먼저 물어야 했다. 나는 아예 '시민들이 참여하는 버스노선 결정 기구'를 만들었다면 어떨까 생각한다. 각 노선의 쓰임새나 불편함, 필요한 동선을 가장 잘 알고 있는 것은 시민들이다. 같은 데이터도 어떻게 해석하느냐에 따라 도출하는 결과 값이 달라질 수 있듯이, 이용하는 사람들을 기준으로 버스 노선 결정을 위한 데이터를 분석할 수 있을 것이다. 시민들은 훌륭한 정책을 제안할 준비가 되어있다. '공공'의 이익을 위한 정책을 실현하고, 이를 시민의식으로 확산시킬 준비도 되어있다.

75세 이상만 무료, 야속하다

∘ ∘ ∘

개인적으로 이번 버스노선 개편에서 가장 실망한 것은, 75세 이상 무상 정책이었다. 비난이 봇물처럼 터지자 기준인 75세를 70세로 낮추었지만, 참 야속하다는 생각마저 들었다.

서울지하철 만 65세 이상 무임승차는 1984년부터 시행되었다. 전국적으로 버스도 무상 정책을 확대하는 중이고 기준은 대부분 65세 또는 70세이다. 울산의 75세 이상 인구는 약 6만 5천 명이다. 이중 실질적으로 버스를 이용하는 분들은 더 적을 것이다. 반면 70세 이상은 약 11만 5천 명이다. 그 인구 중 버스 이용 숫자는 훨씬 더 적을 것이다.

사실 이런 것은 숫자놀음으로 계산할 문제가 아니라고 생각한다. 무상 버스 정책은 노인부터 어린이 그리고 청소년층까지 확대되고 있다. 대중교통 무상화는 세계적 추세이고 우리나라도 마찬가지다. 탄소배출을 줄이고 대중교통 이용률을 높이자면 결국 이 방향으로 가야 한다. 물론 재정에 대해 걱정할 수 있지만 버스 재정문제는 울산 노인 5만 명의 버스비에서 생기는 문제가 아니다. 버스 소유와 운영 구조가 훨씬 더 큰 재정의 골칫덩이이고, 종국적으로는 그 문제를 풀어야 한다.

시민 세금과 요금으로 굴러가는 차, 공공 버스로 전환해야

◦ ◦ ◦

울산의 버스 운영 방식은 민간 버스업체가 노선 운영을 맡고 발생한 적자의 대부분을 울산시가 보전해 주는 방식이다. 버스당 표준운송원가를 정하고, 이를 기준으로 버스비로 벌어들이는 운송수입금을 제외한 적자분을 울산시가 지원한다. 대중교통인 버스를 멈추지 않게 하기 위해서다. 문제는 많은 예산을 지원하면서도 정작 시민들은 불편한 버스를 감내하고 있다는 것이다.

문제를 근본적으로 해결하기 위해서는 단계적으로 시민이 버스노선과 요금 제도에 권한을 갖도록 해야 한다. 버스 노선에 대해 울산 시민이 결정할 수 있도록 하는 것부터 시작해 유일한 대중교통인 울산 버스를 완전히 시민의 것으로 만들어야 한다. 이미 버스 노선권과 운영권을 갖고 요금까지 무료로 운행하는 완전 공영제를 시행하는 곳이 늘어나고 있다.

버스를 공영제로 운영하면 돈이 더 많이 들지 않겠느냐고 생각할 수 있다. 그렇지만 곰곰이 따져보면 그렇지 않다. 물론 초기 투자 비용이 많이 드는 사업인 것은 분명하지만, 장기적으로는 지자체와 시민 모두에게 이익인 사업이다.

계산해 보자. 당장 내일 울산 버스를 완전히 공영화한다고 해도, 크게 새로 드는 비용은 버스 구입비 뿐이다. 나머지는 지금처럼 버스비 요금과 울산시 지원금으로 충당되기 때문이다. 2026년 울산시 예산에서 따져보면, 울산시가 버스에 지원하는 돈만 연 2,060억 원이라는 계산이 나온다. 버스 관련 주요 지원금만 1,440억이다. 시내버스 적자 노선 재정지원 1천억 원, 무료 환승 운임 보전, 어린이와 어르신 교통 요금 환승 보전 등이 포함되어 있다. 이 외에도 공영 차고지 운영, 버스 대폐차 보조, 시내버스 유가 보조 등을 포함하면 2,060억 원이 된다. 반면 버스회사들은, 연간 버스요금으로 대략 1천억 원을 벌고 있으니, 시의 보조금과 요금을 더해 3천억 원 정도의 수익을 내고 있다. 일반적으로 시내버스 한 대에 최소 1억 4천만 원이라고 한다. 울산에 대략 1천 대의 버스가 필요하다고 할 때, 1,400억 원이면 되는 것이다.

물론 버스를 직접 운영하려면 인건비, 감가상각비도 계산해야 하고, 무엇보다 버스 노선권에 대한 법적 권리문제도 정리해야 한다. 그렇지만 엄두도 못 낸다거나, 시도할 생각도 못 할 규모의 사업이 아니라는 것은 분명하다. 계속 시민의 세금을 쏟아부으며 민간업자의 이익을 보전해 주고 버스 노선에 대한 시민의 불편함까지 감수할 이유는 없다. 필요는 발명의 어머니라고 하지 않는가!

울산 공공 교통의 종합 전략이 필요하다

○ ○ ○

2029년 울산 도시철도 1호선이 개통된다. 광역철도와 도시철도, 도시철도와 버스와의 연계, 그리고 이를 기점으로 한 대중교통 확대를 위한 종합계획을 준비해야 할 시점이다. 미래까지 내다본다면 동남권 순환 광역철도와 연계된 초광역 교통망을 완성해서 울산 어디서나, 부·울·경 어디로나 막힘없이 흐르는 교통을 실현해야 할 때다.

시민이 노선을 결정하고, 촘촘하고 편리한 대중교통으로 버스가 자가용보다 편해지는 울산, 누구에게나 이동권을 보장하고 기후 위기 시대 탄소 배출량을 줄이는 데 일조하는 울산, 시민의 세금과 요금을 '공공'으로 전환하는 울산. 그런 울산의 교통정책을 지금부터 준비해야 한다.

돌봄 도시 울산을 상상한다

모두의 근심이 된 돌봄

○ ○ ○

얼마 전 현대자동차를 다니는 대학 후배를 만났다. 정년을 3년 앞둔 녀석의 머릿속엔 은퇴 후 생각으로 가득 차 있었다.

"원래 저는 은퇴하면 지역에서 봉사도 하고, 악기도 하나 배우고, 형님들이랑 여행도 가고 그러고 싶었거든요. 근데, 아무래도 수원 가서 살까 하고요."

울산이 고향인 니가 왜 수원을 가냐고 물었다.

"우리 딸이 수원 살잖아요. 작년에 손녀도 낳았어요. 근데 얘네가 맞벌이거든요. 애 키우기 너무 힘들대요. 요즘 애 하나 키우려면 얼마나 힘든지 아시잖아요."

딸 때문에 은퇴의 꿈을 바꾼다는 그의 이야기가 좀 서글펐다. 10년 넘도록 투병하시던 후배의 아버지는 올해 초 돌아가셨다.

"꼭 애들 때문에만 가려고 하는 건 아니에요. 나도 처도 나이 들면 수도권이니까 큰 병원도 가까운데 사는 게 좀 나을 것 같기도 하고. 아는 사람 하나 없는 게 영 걱정이긴 하지만…. 근데 수원인데도 집값이 엄청 비싸더라고요."

누구에게나 돌봄이 필요하다. 그리고 돌봄은 결코 간단하지 않다는 것을 많이 느끼고 있다. 내가 처음 동구청장을 했던 2011년 당시보다 현재 동구 사업에서 돌봄의 비중은 매우 커졌다. 인구 구성, 가족의 형태, 돌봄 욕구가 달라졌고, 무엇보다 가족 돌봄에만 의존하면 가족구성원의 삶이 무너지고, 돌봄 공백을 채울 수 없기 때문이다.

행복이란 무엇일까? 돈을 많이 버는 것, 출세하는 것도 행복을 줄 수 있겠지만, 누구에게나 보편적인 행복은 좋은 돌봄으로부터 온다. 요즘 나는 돌봄이야말로 행복과 불행을 가르는 첫 구분선이란 생각을 한다. 나에게 이런 가르침을 준 이들은 동구의 주민들이었다.

온 마을이 사람을 돌볼 수는 없을까?

◦ ◦ ◦

작년에 울산에 첫 아픈아이돌봄센터 '토닥토닥'이 동구 일산동에 생겼다. '토닥토닥'은 아이가 갑자기 아플 때, 보호자의 병원 동행이 어려운 경우나 병원 진료 후 돌봄이 필요할 때, 동구청이 직접 병원 동행과 병상 돌봄서비스를 제공하는 사업이다. 아이가 자주 아픈데 이제 안전하게 병원에 보낼 수 있어서 취직에 성공했다는 엄마의 사연, 아이가 선생님들과 병원에 잘 다녀왔다고 인사하더라는 부모의 경험담 등 따뜻한 후기가 이어지고 있다. 부모들은 이런 센터를 만들어줘서 고맙다고 인사하고는 하는데, 사실 고맙다는 말은 내가 그분들께 하고 싶다. 토닥토닥을 준비하며 그리고 이용하는 사람들을 보며, 나는 돌봄 정책에 대한 확신을 얻었다.

우선 돌봄은, 수요자의 돌봄 욕구에 부응해야 한다는 확신이다. 아픈아이돌봄센터의 수요자는 아이다. 아이에게 어떤 돌봄을 경험하게 해줄 것인가에 초점을 둬야 한다. 엄마나 아빠가 아니어도, 자신이 아플 때 병원에 데려다주고 시간에 맞게 약을 먹이고 열이 나는지 어디 불편하진 않은지 돌봐주는 사람이 있다면, 그렇게 자란 아이는 사회를 신뢰하게 될 것이고, 가족의 부재를 느끼지 않을 것이다. 좋은 돌봄을 받은 동구의 아이들은 어른이 되었을 때 좋은 돌봄을 제공하는 사람이 될 수 있을 것이다.

또 하나의 확신은 돌봄은 기초단체가 가장 잘할 수 있다는 것이다. 지금 돌봄 정책은, 정부와 지방자치단체별로 무척 다양하다. 아이만 해도 아이돌봄 서비스, 초등 돌봄교실, 방과후 학교, 지역아동센터, 다 함께 돌봄을 비롯해 틈새를 메우는 여러 정책이 쏟아지고 있다. 그런데 돌봄은 매우 구체적인 것이기도 하고, 다양한 요구에 부딪히는 현실의 문제이기도 하다. 특히 수요자들의 나이와 처지에 따라 늘 조정이 필요하다. 공급자와 수요자 간에 소통과 조정을 반복하면서 돌봄 체계가 끊임없이 움직여야 하고, 결국 이것을 가장 원활히 책임질 수 있는 행정단위가 기초단체이지 않을까. 앞으로 기초단체의 기본 역할이 '돌봄'을 중심으로 움직이면 좋겠다고 생각한다. 전국의 226개 기초단체가 돌봄을 중심으로 행정을 전개할 수 있다면, 그것이 대한민국 전체에 '좋은 돌봄'이 자리 잡게 되는 길일 것이다.

통합 돌봄이 곧 시작되지만…

◦ ◦ ◦

2024년 3월 〈의료 · 요양 등 지역 돌봄의 통합 지원에 관한 법률〉이 통과되었다. 통합 돌봄 법은 2년간의 유예기간을 거쳐

2026년 3월 본격적으로 시행될 예정이다. 바로 당장이다. 하지만 현재 일선의 준비는 매우 미흡하다. 지난 10월 시장 군수구청장협의회에서 관련 실태 조사 결과가 발표됐는데, 전담 조직 구성과 인력 충원의 어려움, 사업비 부족, 지역 내 돌봄 자원의 부족, 사업에 대한 실행계획과 지침의 부재 등… 지자체 담당자들이 현실의 문제를 쏟아냈다. 한마디로 통합 돌봄 시대로 가기 위한 인력과 재정이 턱없이 부족해 큰 진통이 예고된다는 것이다.

이대로 통합 돌봄이 추진되면, 공공 돌봄은 제대로 시작해 보기도 전에 제 역할을 다 못해낼 수도 있다. 폭발하는 수요와 그에 비례해 투입되는 예산, 그러나 미비한 행정이 엇박자를 내는 사이 민간 돌봄만 비대해질 수도 있다.

특히 울산은 더 우려가 크다. 울산은 문재인 정부 시절에도, 윤석열 정부 시절에도 시범 사업에 참여한 경험이 없다. 2023~2025년 '울산형 안심 건강 통합 서비스' 사업을 진행했지만, 공공기관이 돌봄 수요자와 민간 서비스를 연결해 주는 형태였다. 즉, 통합 돌봄에 대한 이해와 역량을 축적한 공무원이 없다는 것이다.

지금처럼 일선 기초단체와 공무원들이 명확한 해법을 가지지 못한 상태에서 통합 돌봄이 속도를 내게 되면, 통합 돌봄이 민간에게만 맡겨질 가능성이 크다.

울산, 돌봄 사령탑이 필요하다

◦ ◦ ◦

나는 통합 돌봄 시행을 계기로 공적 돌봄을 강화하고 확대하는 것이 무엇보다 중요하다고 생각한다. '좋은 돌봄'은 국가의 장기적 프로젝트다. 공공이 제 역할을 하지 않고 민간에게만 그 역할을 미루거나 넘길 수는 없다. 지역사회 통합 돌봄이 성공하기 위해서는, 세 가지가 필요하다.

첫째, '공공 돌봄 매니저'가 필요하다.

돌봄이 있어야 하는 당사자들은 수많은 정부와 지자체의 정책 중에서 무엇이 자신에게 해당하는지, 자신의 욕구는 어떻게 해결하면 되는지 정확히 알기가 어렵다.

의료와 돌봄, 간병과 돌봄, 그리고 돌봄으로 인한 생활고 문제까지 사실 돌봄 이슈를 둘러싼 문제들은 하나같이 복합적이다. 하지만, 현재 돌봄과 연계된 정책들은 정책 집행 부서가 다르고, 돌봄에 참여하는 주체들도 다 다르다.

공급 체계와 수요자를 매칭하는것 자체가 복잡한 방정식을 푸는 것과도 같다. 이것을 수요자들에게만 맡겨둘 수는 없다. 수요자들은 이미 제공되는 돌봄 서비스를 누리지도 못한 채, 어디에서 어떤 것을 제공받아야 하는지 찾아 헤맬 수 있다. 이것이야말로 사회적 낭비이고, 또 통합 돌봄을 위해 꼭 해결해야 할 과제다.

동네마다 돌봄 수요자에게 맞춤하는 정책을 매칭해주고 리드해 주는 돌봄 매니저가 있다면 어떨까? 읍면동별로 통합 돌봄 창구를 설치하고, 거기에 가면 돌봄 매니저가 한 가정, 한 가정, 한 사람, 한 사람에 맞는 돌봄 지원책을 제공하고, 사후 관리까지 하는 방법을 제안하고 싶다. 지역의 돌봄 자원을 이용하는 것도 보다 원활해질 것이다. 이렇게 '돌봄 매니저'가 자리 잡는다면, 이는 현대사회의 새로운 직업이자, 공공부문의 좋은 일자리도 될 것이다.

둘째, 돌봄 제공자들을 돌봐야 한다. 좋은 돌봄이 이뤄지려면, 돌봄을 제공하는 쪽의 처우와 조건이 좋아야 한다. 그래야 둘 사이에 좋은 돌봄 관계가 형성될 수 있다. 현재 돌봄 노동자들은 저임금, 낮은 처우에 시달리고 있다. 자신을 돌봐주는 요양보호사 선생님을 존중하지 못하는 어르신들도 있다. 경제적으로나 사회적으로 돌봄 노동자들을 하대하고, 이들의 자존감을 해치면서 좋은 돌봄을 기대한다는 것은 어불성설이다. 나는 좋은 돌봄을 위해서는 '돌봄 임금제'를 도입할 필요가 있다고 생각한다.

더불어 돌봄 가족에 대한 지원도 필요하다. 아픈 가족을 돌보는 청년이 갑자기 아프다면 그 공백을 어떻게 해결할 것인가에 대해 보완해 주는 제도, 또 가족 돌봄으로 경제활동이 어려울 때 지원해 주는 서비스 등을 마련해 가족 돌봄을 제도적으로 보완해야 한다고 생각한다.

셋째, 울산시 '돌봄 정책위원회'를 세워야 한다.

중앙정부는 국가의 돌봄 기본 정책을 수립하고, 지역별 격차 해소와 재정지원을 위해 노력해야 한다. 기초단체가 실질적으로 공급과 수요를 매칭하고 조정하는 공적 돌봄 조직자의 역할을 한다면 그 허리에 위치하는 광역단체는 돌봄서비스의 공급 전략을 세우고 시행하는 야전사령부가 되어야 한다.

87년 대투쟁을 이끈 울산의 노동자들이 은퇴 시기에 접어들었다. 2025년 3월 말 기준 울산의 65세 이상 고령 인구 비율은 전체 인구의 약 17.6%를 차지하고 있다. 현재 울산시 인구 구성을 보면 50대, 60대가 가장 많다. 지금도 그렇지만, 앞으로 울산이 마주할 가장 큰 사회적 문제는 노후생활과 돌봄·의료일 수밖에 없다. 돌봄 수요자가 늘어나는 전망에 맞추어 양질의 돌봄 공급 대책도 세워야 한다. 또 오랜 제조업 노동에 울산의 중장년 가운데 근골격계질환을 앓고 있는 분들이 많다. 이런 울산 시민의 특성도 반영된 돌봄 정책이 시행되어야 한다. 울산시 돌봄 정책위원회는 이런 울산 돌봄의 기본계획을 마련하고 추진하고 지휘해 나가는 돌봄 사령탑이다.

돌봄의 도시에서, 그저 행복하길

◦ ◦ ◦

정년을 앞두고 수원 딸네로 돌봄 이동을 준비하고 있는 후배의 삶을 떠올려 본다. 무엇이 합리적인 선택인가 말하는 것은 쉽지 않다. 그저, 그가 행복했으면 좋겠다. 그 딸도 행복했으면 좋겠다.

내가 할 수 있는 일은 점점 부스러져 가고 있는 공동체를 단단하게 만드는 일이라고 생각한다. 지금까지 우리는 울산을 산업 수도라고 불러왔다. 울산을 산업 수도로 일으켜 세운 노동자들에게 이제는 '돌봄 도시 울산'을 드리고 싶다. 지난 수십 년간 대한민국의 성장을 위해 일하고 다치고 나이 든 선배 시민들이 울산이 제공하는 통합 돌봄으로 평안한 시간을 보냈으면 좋겠다. 돌봄의 도시 울산에서, 보다 행복하길 바란다.

시민에게 권력을

지방자치 30년
잠자는 도시와 경쟁하는 도시

○ ○ ○

올해는 지방자치가 부활한 지 정확히 30년이 되는 해다. 87년 6월 항쟁으로 대통령을 직접 선출할 수 있게 된 후 그로부터 10년 뒤에 지방자치가 시작되었다.

기대만큼 변화가 빠르게 일어난 것은 아니지만 30년 세월이 무상히 흘러온 것만도 아니다. 주민들은 단체장과 의원을 직접 선출하면서 자신이 살고 있는 곳의 불편함을 해결할 수 있는 통로를 갖게 되었고, 지역의 발전을 위해 이전보다 더 많은 제안을 하게 되고, 지역의 일에 더 큰 관심을 두게 되었다.

평범한 시민들이 지역공동체 운영에 참여해야 진정한 민주주의가 정착된다는 풀뿌리 민주주의 정신도 확산됐다.

30년이 흐른 오늘의 시점에 내가 눈여겨보게 되는 대목은 지역 중에서도 정치 경쟁이 활발한 곳은 좋은 정책과 조례가 많고, 정치 경쟁이 저조한 곳은 상대적으로 그런 정책과 조례가 적다는 것이다.

나는 2011년 민선 6대 동구청장이 되었다. 그때만 해도 지방자치에 대해 냉소적인 시각이 많았던 것 같다. 다른 도시들의 사정이 궁금하기도 했고, 보수정당 중심의 울산 행정에서 벗어나 새로운 시각에서 지방행정을 배우고 싶어서 전국 단체장들의 싱크 탱크인 〈목민관클럽〉에 참가하기 시작했다. 이재명 대통령도 당시 성남시장으로 목민관클럽의 일원이었다. 재밌었다. 지역을 살리는 국내외 사례들을 배웠고, 또 자극도 많이 받았다. 고인이 된 박원순 전 서울시장 시절부터 서울에서는 좋은 정책들이 많이 나왔다. 서울시장이 선도하고, 기초단체의 정치 경쟁도 치열하기 때문에 그랬던 것 같다. 이재명 성남시장이 경기지사가 된 후에는 서울과 경기에서 선도적인 정책들이 많이 쏟아졌다. 미래 대선주자라 그랬을까? 다소 파격적인 정책과 조례들도 나오고 모범이라고 소문나면서 여기저기 다 퍼져나갔던 것 같다.

반면 영남권은 정치 경쟁이 활발하지 않다. 보수의 텃밭이기 때문이다. 정치 경쟁이 활발했다면, 우리 울산도 괜찮은 조례와 정책들이 더 늘었을 텐데 하는 아쉬움이 있다.

동남권 메가시티와 해오름동맹

○ ○ ○

지역 내 정치세력 간의 경쟁으로 해결하지 못하는 문제가 수도권 집중과 지역 소멸이다. 지방의 자치 단체장들이 아무리 애를 써도 인구 유출을 막지 못했다. 100원 버스, 1만 원 주택, 청년 자산 형성을 위한 적금 사업 등 정주 여건을 만들기 위한 지방자치단체의 노력도 일자리를 찾아 떠나는 청년을 붙들지 못했다. 자치단체의 재량권이 부족하니, 담대한 사업을 펼치는 것도 쉽지 않았다. 그 결과 지방은 소멸 위기에 처하고, 수도권에는 비싼 임대료와 생활비에 결혼을 미루는 청년들이 자꾸 늘어갔다. 이렇게 대한민국은 다 같이 쪼그라드는 중이다.

이에 대한 대안으로 자치분권을 확대하고, 수도권에 대응한 초광역 경제권을 형성하는 제안들이 등장했다. 이른바 메가시티가 그것이다. 지금 이재명 정부는 지방을 살리는 정책으로 '5극 3특'을 내놨다. 전국을 5개 초광역 단위로 발전시키고, 제주와 강원, 전북을 특별자치도로 발전시킨다는 전략이다. 규모를 키우는 방식으로 지방의 경쟁력을 강화하겠다는 전략으로 메가시티의 연장이다.

민주당이 초광역 경제권 전략을 브랜드화하자 국민의힘 쪽에서는 다른 대안이 필요했다. 그렇게 나온 것이 김두겸 현 울산시장의 해오름동맹이다. 울산은 산업 관계에서 부산, 경남, 경주, 포항과 밀접한 관계를 맺고 있다. 모두 자동차, 조선산업의 자재와 부품을 공급하는 산업생태계를 공유하고 있다.

동남권 메가시티냐 아니면 경주와 포항을 묶는 해오름 동맹이냐를 두고 정치세력에 따라 추진 전략이 달라졌지만, 모두 수도권에 대응하기 위해 지방 경제공동체의 규모를 키우는 전략이라는 점에서는 공통점이 있다.

나는 울산의 지속 성장을 위해서는 어떤 도시와도 협력해야 한다는 의견이다. 인접해 있는 부산이나 경남, 경주와 포항은 말할 것도 없다. 다만 국가 차원의 성장전략을 두고 울산이 선택해야 한다면 실제 시너지 효과가 생기는 방향을 찾아야 할 것이다.

일단 규모 면에서 보자면 해오름 동맹은 약 200만 명 수준이고, 동남권 메가시티는 800만 명에 육박하는 수준이다. 인구만 보면 4배가 넘는 규모다. 인구 성비를 보자면 울산은 모두 알다시피 남성 중심의 도시다. 2024년 기준으로 울산은 여성 100명당 남성이 106명 수준으로 남성의 비율이 높다. 제조업 중심의 산업구조와 남성 중심의 일자리가 많다 보니 2, 30

대에서는 인구 성비가 10% 이상 차이가 난다.

해오름동맹의 경우도 울산과 산업구조가 비슷하다 보니 2, 30대 인구에서 남성의 비율이 높게 나타난다. 반대로 부산의 경우는 전체 인구 성비가 여성 100명당 남성인구가 94.8명이고 2, 30대에서는 여성의 비율이 더 높게 나타난다. 인구 성비의 균형을 볼 때 부산과의 연계가 더 좋은 선택지가 될 수 있다.

그리고 도시 성장에서 서로에게 보완될 지점이 있는가를 살펴봐야 한다. 경주와 포항은 울산과 비슷한 산업구조를 갖고 있다. 산업 규모나 인구 비중을 봤을 때 울산이 가장 크니, 중심도시의 역할을 할 수 있는 장점이 있는 반면에 지속적인 성장을 위한 시너지 효과를 얻는 데는 다소 부족하다고 볼 수 있다. 울산은 제조업이 60%가 넘는 제조업 중심도시고 서비스업이 28% 정도이지만, 부산은 서비스업에 75%가 넘는 서비스업 중심도시다. 또한 부산은 대학이 밀집되어 있어 도시의 지속 성장을 위한 연구 개발 분야에서 시너지 효과를 낼 수 있을 것이다.

메가시티가 또 다른 식민도시를 만들지 않으려면

사실 나의 고민은 메가시티로 과연 울산이 지속가능한 성장을 할 수 있을까? 하는 대목에 있다. 문재인 정부 시절에 울산 시민들은 부·울·경 메가시티를 그리 반기지 않았다.

블랙홀처럼 울산의 산업과 인재와 일자리를 모두 부산에 뺏기고 울산은 껍데기만 남지 않을까 하는 걱정 때문이다. 그렇게 되지 않기 위해서는 함께 규모의 경제를 키우면서 울산의 강점을 키우는 것으로 동반성장 전략을 구상해야 한다.

메가시티 내에서 지역 간 균형발전이 보장돼야 한다. 한 도시만 중심이 되고 나머지 도시는 베드타운이 되는 구조는 바람직하지 않다. 메가시티를 구성하는 도시들은 각각 경제적 동력이 성장할 수 있는 발전 전략이 보장되어야 한다. 지역 재투자법이나 지역의 협동조합과 사회적 기업의 확대, 지역에서 조달의 시행 등 지역경제의 체질을 강화하기 위한 전략이 그것이다.

주민자치의 확대와 주민 역량의 축성

○ ○ ○

수도권 집중과 지방 소멸에 대응한 초광역 대응 전략과 함께 중요한 것은 주민자치다. 초광역 경제권 시대에 부응하는 지역 내 발전 전략이 힘을 얻기 위해서는 지역 주민의 활발한 참여가 절대적으로 필요하다. 주민자치를 확대 강화하기 위한 여러 노력이 지속적으로 전개됐지만, 윤석열 정부 앞에서 모두 멈춰섰다. 이제 다시 주민자치 확대 강화의 흐름이 생겨날 것으로 보인다.

경험으로 볼 때 모든 민주주의는 제도의 도입 못지않게 그에 걸맞은 역량이 축성되는 게 중요하다. 4년마다 5년마다 반짝하는 선거 민주주의 말고, 주민의 자치 역량을 성장시켜야 한다. 나는 울산 동구에서 주민자치 역량을 키우는 문제가 더욱 중요하다는 것을 여러 차례 경험했다. 시민들에게는 민주주의를 이해하고, 익히고, 경험하며, 효능감을 느끼는 참여 정치의 힘을 키우는 기회가 많이 필요하다.

동구는 2021년부터 매년 주민대회를 진행하고 있다. 주민대회는 주민들이 정책과 요구를 제안하고, 심사하여 구정과 시정에 개입하는 운동이다. 하청노동자 지원 조례도 염포산 터널 무료화도 모두 주민대회 결정 사항이었다. 첫 주민대회 때 2만 3천 명이 넘는 주민이 투표에 참여했다. 주민들이 가장 크게 기뻐했던 것은 주민이 권력의 주인이라는 호소였다. 누구나 아는, 교과서 같은 이야기지만 현실에서 주민들이 직접 요구하고 결정하는 경험을 해보는 것은 흔치 않은 일이다.

주민들의 일반적인 민원 해결 방식은 의원이나 구청장에게 부탁하거나 공무원에게 요청하는 것이다. 그리고 기다리는 것이다. 하지만 주민 중에 의원이나 구청장과 일이 있을 때마다 쉽게 연락할 수 있는 친한 사람이 과연 몇이나 될까? 불편하지만 귀찮아서, 방법을 몰라서 포기하는 경우가 많을 것이다. 지역에 필요한 것이 무엇인지 찾고 실현하는 일을 주민 스스로 제안하고 결정할 수 있도록 해야 한다. 대의민주주의의 한계를 뛰어넘는 운동은 기존의 지방자치와 대립하는 것이 아니라 보완되며 풍부하게 해주는 역할을 한다. 그리고 가장 중요한 것은 이 과정에서 민주적 시민 역량이 무럭무럭 성장한다는 점이다. 이런 주민대회는 일상에서 민주시민 역량을 키우는 영감을 주었다. 그리고 동구에서는 일상적으로 민주적 마을을 만드는 마을 활동가 양성 프로그램으로 이어졌다.

우리가 해온 주민자치의 경험이 쌓이면 세계 어느 나라에도 없는 훌륭한 풀뿌리 민주주의가 탄생할 수 있을 것이다.

시민에게 권력을!
노동과 청년이 만드는 민주주의 4.0

○ ○ ○

우리나라 민주주의의 발전에서 군사독재 이후 수평적 정권교체를 민주주의 1.0이라고 한다면 참여민주주의 확대를 2.0, 그리고 항쟁으로 정권을 교체했던 촛불혁명과 직접 참여 시대를 민주주의 3.0이라고 할 수 있다. 시민들은 계속해서 민주주의를 업그레이드 시키고 있다. 다음은 무엇일까?

'민주주의의 최후 보루는 깨어있는 시민의 조직된 힘'이라는 노무현 전 대통령의 말처럼, 시민 역량의 발전이 민주주의 4.0을 가져올 것이다. 1년 전 불법적이고 위헌적인 비상계엄에 맞서 국민의 위대한 힘으로 민주주의를 지켜냈지만, 아직 다음 민주주의는 오지 않았다. 난 다음 민주주의의 과제가 불평등과 지방 소멸 문제를 해결하는 것이 아닌가 생각한다. 그리고 문제 해결을 위해, 주체와 당사자들이 나서야 한다.

나는 상시적인 '주민 공론화 위원회'를 생각해 본 적이 있다. 문제의 당사자들이 핵심 역량이 되어 문제를 풀어가는 기구를 제도적으로 안착화시키자는 것이다.

특히 울산 시민 역량의 핵심은 청년과 노동일 것이다. 무수한 청년 정책이 모두 실패했다. 청년 문제의 핵심은 일자리이고 좋은 일자리 창출을 위해 청년들이 이 문제 해결의 주역이 되는 것이 필요하다. 얼마 전 진보당 울산시당 청년들이 청년들을 인터뷰한 결과를 모아 발표한 적이 있다. 울산의 청년들이 요청한 정책 제안 내용을 살펴보며 행정 하는 사람의 관점에서 좀 부끄러웠다. 그들이 제안한 정책들은 여타의 도시들에는 이미 있는 것들이기 때문이다. 지금 당장이라도 울산에 적용되어야 할 정책들이었다. 노동도 마찬가지다. 지속가능한 발전을 위해서는 울산 노동자의 목소리, 특히 조직되지 못한 노동의 목소리가 반영되어야 한다. 기업 중심의 노사민정 협의회가 아니라, 노동 역량을 중심으로 한, 실제 노동자와 지역을 살리는 민주주의가 필요하다.

불평등을 타파하며 미래를 밝혀줄 민주주의는 노동과 청년의 목소리에서 올 것이다. 나는 노동이 있는 민주주의, 청년이 주도하는 민주주의, 불평등을 타파하는 민주주의 4.0 시대를 울산시민과 함께 열고 싶다.

마음이 길을 만든다

초판 제1쇄 인쇄 2025년 12월 10일
초판 제1쇄 발행 2025년 12월 26일

글쓴이 김종훈
펴낸곳 도서출판 민플러스
펴낸이 김재하

등록 2017년 9월 1일 제300-2017-118호
주소 서울시 종로구 삼일대로 446-22, 1층
전화 02-707-0665
팩스 02-846-0615
전자우편 minplus5.1@gmail.com
저자와의 협의에 의해 인지를 생략함.

ISBN 979-11-91593-19-8

표지사진 ©오늘의 나